310

Merve Verlag

Jacques Rancière

Ist Kunst widerständig?

Herausgegeben, übersetzt, um ein Gespräch mit Jacques Rancière und ein Nachwort erweitert von Frank Ruda und Jan Völker

Merve Verlag Berlin

Originaltitel: *Si l'art résiste à quelque chose?* Vortrag, gehalten auf dem fünften internationalen philosophischen Symposium *Nietzsche und Deleuze : Kunst und Widerstand*, (Quinto Simpósio internacional de filosofia - *Nietzsche e Deleuze. Arte e resistência*), Fortaleza, Brasilien, 2004.

Redaktorat: Tom Lamberty, Anke Schleper

Printed in Germany

Druck- und Bindearbeiten: Dressler, Berlin

Umschlagentwurf: Jochen Stankowski, Dresden

ISBN 978-3-88396-244-3

www.merve.de

Inhalt

Ist Kunst widerständig?

Der Titel meines Vortrags drückt ganz sicher einen Zweifel daran aus, wie das Problem, das uns hier unter dem Titel *Kunst und Widerstand* versammelt hat, richtig zu formulieren ist. Die Schwierigkeit, die dieser Titel stellt, lässt sich einfach ausdrücken: die Verbindung dieser beiden Worte ergibt unmittelbar einen Sinn. Aber er tut dies in der Welt der Meinung. In dieser Welt ist anerkannt, dass die Kunst widersteht und dass sie dies auf verschiedene Weisen tut, die alle in einer einzigen Macht zusammenlaufen. Auf der einen Seite widersteht die Konsistenz des Werkes dem Verschleiß durch die Zeit, auf der anderen widersteht der Akt, der es hervorgebracht hat, der Bestimmung durch den Begriff. Von dem, was der Zeit und dem Begriff widersteht, wird angenommen, dass es natürlicherweise den Mächten widersteht. Das Klischee des freien und rebellischen Künstlers kann diese Logik der Meinung ohne Schwierigkeiten veranschaulichen. Im Vermögen des Wortes „Widerstand" sind so zwei Eigenschaften enthalten. Eine dieser beiden Eigenschaften ist seine homonymische Quelle. Diese erlaubt es, eine Analogie zwischen dem passiven Widerstand des Steines und der aktiven Opposition der Menschen zu konstruieren. Auf der anderen Seite ist es die positive Konnotation, die es unter so vielen Worten, die außer Gebrauch gekommen oder verdächtig geworden sind: Gemeinschaft, Revolte, Revolution, Proletariat, Klassen, Emanzipation usw., behalten hat. Es ist nicht mehr sonderlich gut angesehen, die Welt ändern zu wollen, um sie gerechter zu machen. Aber gerade die lexikalische Homonymie des Wortes „Widerstand“ birgt ebenso eine praktische Ambivalenz. Zu widerstehen bedeutet, die Haltung desjenigen einzunehmen, der sich der Ordnung der Dinge entgegenstellt und dabei das Risiko, diese Ordnung durcheinander zu bringen, nicht anerkennt. Und man weiß, dass in unseren Tagen die heroische Haltung desjenigen, der dem Malstrom der Demokratie, Kommunikation und Werbung „widersteht“, sich gern mit einer Willfährigkeit hinsichtlich der existierenden Herrschaftsverhältnisse und Ausbeutungen verbindet. In Bezug auf die Übrigen wissen wir von der doppelten Abhängigkeit der Kunst vom Markt und von den Behörden, und wir wissen, dass die Künstler weder mehr noch weniger rebellisch sind als die anderen Teile der Bevölkerung.

Das Problem stellt sich also wie folgt: welchen Sinn kann man der Verbindung der beiden Worte geben, wenn man diese falschen Evidenzen der Meinung ablehnt? Welche Verbindung etabliert man zwischen der Idee einer Aktivität oder eines Bereichs, die bestimmen, was man „Kunst“ nennt und der Idee einer spezifischen Tugend von Widerstand? Dies bedeutet zunächst: was tun mit der Homonymie des Wortes „Widerstand“, das in einem Wort mehrere Ideen enthält? Von der Kunst wird gesagt, sie widersteht in zwei Bedeutungen des Wortes, die augenscheinlich widersprüchlich sind: im Sinne eines Dings, das in seinem Sein verharrt und im Sinne der Menschen, die sich weigern, in ihrer Situation zu verbleiben. Unter welchen Bedingungen ist diese Äquivalenz zwischen den beiden sich offensichtlich widersprechenden „Widerständen" denkbar? Wie kann die Kraft dessen, was „sich in sich hält" zur gleichen Zeit die Kraft dessen sein, was aus sich herausgeht, dessen, was interveniert, um genau die Ordnung zu ändern, die seine eigene „Konsistenz" sichert? Eine Tagung, die Nietzsche zu einem ihrer beiden Schutzpatrone hat, kann natürlich nicht umhin, die Frage „*wie* können wir dies denken?" in eine andere Frage: „*warum* müssen wir es denken?" umzuschreiben. Warum haben wir es nötig, die Kunst zugleich als eine Kraft[1] der Autonomie, der Selbsterhaltung zu denken und als Kraft, die hinausführt und die Transformation ihrer selbst betreibt?

Ich möchte diesen problematischen Knoten anhand eines Textes des zweiten Schutzheiligen unseres Treffens, Gilles Deleuze, untersuchen. In dem Kapitel von *Was ist Philosophie?*, welches der Kunst gewidmet ist, lesen wir:

„Der Schriftsteller verbiegt die Sprache, lässt sie vibrieren, umklammert sie, spaltet sie, um den Perzeptionen die Perzepte, den Affektionen die Affekte, der Meinung die Empfindung zu entreißen – mit Blick, so ist zu hoffen, auf jenes Volk, das noch fehlt. [...] Dies

---

[1] Wir übersetzen das französische *puissance* mit Kraft oder mit Macht. (A.d.Ü.)

genau ist die Aufgabe aller Kunst, und die Malerei, die Musik entreißen den Farben und Tönen nicht minder die neuen Akkorde, die plastischen oder melodischen Landschaften, die rhythmischen Personen, die sie bis zum Gesang der Erde und zum Schrei der Menschen emporheben: daraus besteht der Ton, die Gesundheit, das Werden, ein visueller und akustischer Block. Ein Monument gedenkt nicht, feiert nicht etwas, das sich ereignet hat, sondern vertraut dem Ohr der Zukunft die fortbestehenden Empfindungen an, die das Ereignis verkörpern: das stets wiederkehrende Leiden der Menschen, ihr immer wieder aufflammender Protest, ihr immer wieder aufgenommener Kampf. Sollte alles vergebens sein, weil das Leiden ewig währt und die Revolutionen ihren Sieg nicht überdauern? Doch der Erfolg einer Revolution beruht nur in ihr selbst, eben in den Schwingungen, den Umklammerungen, den Öffnungen, die sie den Menschen im Moment ihres Vollzugs gab und die in sich ein immer im Werden begriffenes Monument bilden, wie jene Grabhügel, denen jeder neue Reisende einen weiteren Stein hinzufügt."[2]

Das Wort Widerstand wird in diesem Text nicht erwähnt. Dafür erkennen wir hier die Anordnung des Problems wieder, welches dieses Wort in sich verbirgt. Dieser Text arbeitet tatsächlich an der Lösung des Problems: wie lässt sich die Analogie der „Widerstände" dynamisieren? Einerseits wird uns eine Analogie zwi-

---

2 Gilles Deleuze / Félix Guattari : *Was ist Philosophie?*, Frankfurt am Main 2000, S. 208f.

schen zwei Prozessen präsentiert: die Menschen leiden, protestieren, kämpfen, umklammern sich einen Augenblick gegenseitig, bevor das einzelne Leid sein Recht fordert. Der Künstler verbiegt und umklammert die Sprache oder entreißt die plastischen oder musikalischen Perzepte den optischen und akustischen Perzeptionen, um sie bis zum Schrei der Menschen zu erheben. Es gibt eine Analogie, aber zwischen beiden Seiten ist offensichtlich eine Kluft zu überwinden. Der Künstler arbeitet „mit Blick“ auf ein Ende, das diese Arbeit nicht selbst erreichen kann, er arbeitet „mit Blick“ auf ein Volk, das „noch fehlt“. Aber andererseits präsentiert sich diese Arbeit selbst als Auffüllung der Kluft, die die künstlerische Umklammerung von der revolutionären Umklammerung trennt. Die Schwingungen und die Umklammerungen nehmen in der Festigkeit des Monuments eine konsistente Gestalt an. Und die Festigkeit des Monuments ist zugleich eine Sprache, die Bewegung einer Übertragung. Das Monument „vertraut dem Ohr der Zukunft“ die fortdauernden Empfindungen an, die das Leiden und den Kampf verkörpern. Diese Empfindungen transformieren sich in der Schwingung und der revolutionären Umklammerung, die dem Monument ihren Stein im Werden hinzufügen.

Ein Monument, das mit der Zukunft spricht und eine Zukunft, die Ohren hat, das ist wirklich ein wenig zu viel für Ohren, die daran gewöhnt sind, die Ablehnung der Metapher als das Alpha und Omega des deleuzianischen Denkens zu erwarten. Denn offensichtlich regiert die Metapher in diesem Text und sie regiert hier in ihrer vollen Funktion. Die Metapher ist nicht ein einfaches Ornament der Sprache, sie ist, wie es ihre Etymologie andeutet, eine Passage oder ein Transport. Um von den durch den Künstler extrahierten Schwingungen zu den revolutionären Schwingungen zu gelangen, bedarf es eines Monuments, das aus den Blöcken von Schwingungen eine an die Zukunft gerichtete Sprache macht. Diese Passage muss selbst mehrere Passagen, mehrere konzeptuelle Sprünge verdichten. Um den Sprung von der künstlerischen Verdrehung der Empfindungen zum Kampf der Menschen zu machen, muss die Äquivalenz zwischen der Dynamik der Schwingung und der Statik des Monuments gesichert sein. In der Unbewegtheit des Monuments muss die Schwingung eine weitere anrufen, zu einer weiteren sprechen. Aber diese Ansprache ist selbst eine Doppelte: sie ist die Übertragung der Anstrengung oder des „Widerstands" der Menschen und sie ist die Übertragung dessen, was der Menschheit widersteht, Übertragung der Kräfte des Chaos, in ihm gefangener und unaufhörlich von ihm zurück eroberter Kräfte. Das Chaos muss widerständige Form werden, die Form muss wieder widerständiges Chaos werden. Das Monument muss Revolution werden und die Revolution muss wieder Monument werden.

Durch das Spiel der Metapher erweist sich der Graben zwischen der Gegenwart des Werkes und der Zukunft des Volkes als konstitutives Band. Die Arbeit der Kunst geschieht nicht allein „im Blick“ auf ein Volk. Dieses Volk gehört zur Definition des „Widerstands“ der Kunst selbst, d.h. der Vereinigung der Gegenteile, die sie zugleich als im Monument fixierte Umklammerung der Kämpfer und als Monument im Werden und im Kampf bestimmt. Der Widerstand des Werkes ist nicht die Rettung der Politik durch die Kunst. Er ist nicht die Imitation oder Antizipation der Politik durch die Kunst. Er ist genau ihre Einheit. Die Kunst *ist* die Politik. Dies ist die fundamentale deleuzianische These, die in diesem Auszug ausgedrückt wird. Damit dies so ist, muss die Kunst die Einheit der zwei Sprachen des Monuments sein: die menschliche Sprache dieser Monumente, die, wie Schiller von ihnen sagte, den Menschen der Zukunft die unversehrte Würde der verschwundenen freien Städte übermitteln; die unmenschliche Sprache der romantischen Steine, deren stumme Rede das Geschwätz und die Bewegtheit der Menschen Lügen straft.

Damit die Kunst Kunst ist, muss sie politisch sein; damit sie politisch ist, muss das Monument zweifach sprechen: als Zusammenfassung der menschlichen Anstrengung und als Zusammenfassung der Kraft des Nichtmenschlichen, die es von sich selbst trennt. Ich möchte hier die Bedingungen der Möglichkeit einer solchen These befragen. Diese Untersuchung hat für mich zwei Aspekte. Zum einen möchte ich zeigen, dass die deleuzianische These keine singuläre Erfindung einer oder zweier Autoren ist, sondern die besondere Form einer viel ursprünglicheren Verknotung einer Idee der Kunst, einer Idee des Sinnlichen und einer Idee der menschlichen Zukunft; andererseits möchte ich die besondere Stelle analysieren, die sie innerhalb des Feldes der Spannungen innehat, das von dieser ursprünglichen Verknotung bestimmt ist. Das Werk als aus dem Sinnlichen gerissenes Sinnliches, unter der informen Form der Schwingung und der Umklammerung; die Momentaufnahme der Schwingung oder der Umklammerung als fortdauerndes Monument der Kunst: so singulär sie im Text von Deleuze erscheinen mögen, sind diese Äquivalenzen doch nicht seine persönliche Erfindung. Sie kommen von weiter her. Und diese Herkunft halbiert sich selbst. Es gibt die sehr unmittelbare Abstammung: die Schwingung und die Umklammerung kommen direkt von den Seiten, die Proust der Musik Vinteuils widmet. Das aus dem Sinnlichen gerissene Sinnliche liegt im Herzen der These der *Wiedergefundenen Zeit.* Aber die Beschreibung und die proustsche These sind selbst nur möglich auf der Basis einer Form der Sichtbarkeit und Intelligibilität der ästhetischen Erfahrung, die viel allgemeiner sind, und die ein ganzes Regime der Identifizierung von Kunst bestimmen.

Die Idee des aus dem Sinnlichen gerissenen Sinnlichen, des *dissensuellen* Sinnlichen, charakterisiert genau das Denken des modernen Regimes der Kunst, das ich ästhetisches Regime der Kunst zu nennen vorgeschlagen habe. Was dieses Regime der Wahrnehmung und des Denkens der Kunst charakterisiert, ist die

Idee einer Form spezifisch sinnlicher Erfahrung, die von den normalen Formen der sinnlichen Erfahrung abgetrennt ist. Wenn Deleuze uns von der Arbeit berichtet, die das Perzept der Perzeption und den Affekt der Affektion entrissen hat, übersetzt er auf seine Weise die ursprüngliche Formel des ästhetischen Diskurses, die Formel, die in der Kantischen Analyse des Schönen resümiert wird: die ästhetische Erfahrung ist die eines zweifach abgetrennten Sinnlichen. Es ist abgetrennt vom Gesetz des Verstehens, das die sinnliche Wahrnehmung seinen Kategorien unterwirft, und vom Gesetz des Begehrens, das unsere Affektionen der Suche nach einem Guten unterwirft. Die durch das ästhetische Urteil aufgegriffene Form ist weder diejenige eines Erkenntnisobjekts noch diejenige eines Objekts des Begehrens. Es ist dieses „weder noch", das die Erfahrung des Schönen als Erfahrung eines Widerstands bestimmt. Das Schöne ist dasjenige, das zugleich der begrifflichen Bestimmung wie der Verlockung der konsumierbaren Güter widersteht.

Diese erste Formel des Dissenses oder des ästhetischen Widerstands ist diejenige, welche, zu Zeiten Kants, das ästhetische Regime der Kunst von dem Regime der Repräsentation getrennt hat. Denn das klassische Regime, das Regime der Repräsentation der Kunst, war genau durch die Entsprechung einer Form der intellektuellen Bestimmung mit einer Form der sinnlichen Aneignung beherrscht. Einerseits bestimmte sich die Kunst als Arbeit der Form, die ihr Gesetz der Materie aufzwingt. Andererseits entsprachen die Regeln der Kunst, die von dieser Unterwerfung der Materie unter die Form bestimmt waren, Gesetzen der sinnlichen Natur. Die verlässliche Lust verifizierte die Angemessenheit der Regel. Die aristotelische Mimesis bestand darin: der Einklang zwischen einer produktiven Natur – einer *poiesis* – und einer rezeptiven Natur – einer *aisthesis*. Der Garant dieses dreifachen Einklangs nannte sich menschliche Natur.

Der „Widerstand“ oder der „Dissens“, von dem Kant die erste Formel gibt, ist der Bruch dieses dreifachen Einklangs, folglich der Bruch dieser Natur. Die ästhetische Erfahrung hält sich von nun an *zwischen* einer Natur und einer Menschheit, d.h. auch zwischen zwei Naturen, zwei Menschheiten. Das ganze Problem wird sein, herauszufinden wie diese Beziehung ohne Beziehung zu bestimmen ist, im Namen welcher Natur und welcher Menschheit. Und es ist genau dieses Problem, das alle Texte von Deleuze zur Kunst durchzieht: den Weg von einer Menschheit zur anderen bereitet für ihn allein die Nichtmenschlichkeit. Aber bevor wir zu diesem Punkt kommen, müssen eine oder zwei weitere Konsequenzen des konstitutiven Dissenses des ästhetischen Regimes der Kunst abgehandelt werden. Die erste Konsequenz ist einfach zu benennen: wenn das Schöne ohne Begriff ist und wenn alle Kunst das Ins-Werk-Setzen von Ideen ist, die eine Materie transformieren, dann folgt daraus, dass das Schöne und die Kunst in einer Beziehung der Disjunktion stehen. Die Zwecke, die sich die Kunst setzt, widersprechen der Zweckmäßigkeit ohne Zweck, die die Erfahrung des Schönen charakterisiert. Um diesen Schritt zu überwinden, bedarf es einer spezifischen Kraft. Diese Kraft ist für Kant diejenige des Genies, das kein Beobachter der Regeln der Natur, sondern die Natur selbst in ihrer produktiven Kraft ist. Aber das Genie muss dafür das Unbewusste der Natur teilen. Es kann nicht um das Gesetz seines Verfahrens wissen. Damit die ästhetische Erfahrung des Schönen identisch mit Erfahrung der Kunst ist, muss die Kunst von einer doppelten Differenz markiert sein: sie muss in einem den normalen Bedingungen der sinnlichen Erfahrung entrissenen Sinnlichen die Äußerung eines Denkens sein, das von sich selbst nicht weiß.

Es ist ohne Zweifel die hegelsche Ästhetik, die am klarsten diese Disjunktion formuliert hat. Man kennt die anti-hegelsche Phobie, die das Denken von Deleuze charakterisiert. Dennoch sind die deleuzianische Schwingung, die Komposition und die Fluchtlinie auf ihre Weise Erben der großen hegelschen Dreiheit der symbolischen, klassischen und romantischen Kunst. Es war Hegel, der die paradoxe Formel des Kunstwerks im ästhetischen Regime der Kunst aufgestellt hat: das Werk ist die materielle Inskription einer Differenz des Denkens zu sich. Dies beginnt mit der erhabenen Schwingung des Denkens, das vergeblich seinen Verbleib in den Steinen der Pyramide sucht; es setzt sich fort in der klassischen Umklammerung der Materie mit einem Denken, dem es nur um den Preis seiner eigenen Schwäche gelingt, sich zu verwirklichen; weil die griechische Religion der Innerlichkeit beraubt ist, kann sie sich idealerweise in der Perfektion der Gottesstatue ausdrücken: es ist schließlich die Fluchtlinie der gotischen Turmspitze, die dem unerreichbaren Himmel entgegenstrebt und so den Zeitpunkt ankündigt, an dem – das Denken ist endlich bei sich – , die Kunst aufgehört haben wird, ein Ort des Denkens zu sein. Zu sagen, dass die Kunst widersteht bedeutet also, dass sie ein ständiges Versteckspiel zwischen der Kraft der sinnlichen Äußerung der Werke und ihrer Bedeutungskraft ist. Nun hat dieses Versteckspiel zwischen dem Denken und der Kunst aber eine paradoxale Konsequenz: die Kunst ist Kunst – sie ist widerständig in ihrer Natur als Kunst, insofern sie nicht das Produkt des Willens, Kunst zu machen ist, insofern sie etwas anderes als Kunst ist. Dieses „etwas anderes" heißt bei Hegel Volksgeist. Die griechische Statue ist für uns Kunst, insofern sie für ihren Bildhauer etwas anderes war: die Darstellung der Götter der Polis, der Schmuck ihrer Institutionen und Feierlichkeiten. Sie heißt „Medizin" bei Deleuze, der an dieser Stelle einen Satz von Le Clézio zitiert: „eines Tages wird man vielleicht wissen, dass es keine Kunst gab, sondern nur Medizin".[3]

Die zwei Formeln widersprechen sich ihrem Prinzip nach nicht: die griechische Statue ist die Gesundheit eines Volkes und die deleuzianische Medizin ist, wie

---

[3] Gilles Deleuze / Félix Guattari : *Was ist Philosophie?*, a.a.O., S. 204.

diejenige Nietzsches, eine Medizin der Kultur. Der Unterschied ist, dass der Repräsentant der Volksgesundheit des griechischen Volkes Apollon heißt, wohingegen der deleuzianische Arzt die Gestalt des Dionysos hat. Apollon und Dionysos sind nicht einfach Personen Nietzsches. Wenn dieser die Tragödie in ihrer Bipolarität theoretisch beschreiben konnte, dann weil diese Bipolarität bereits das ästhetische Regime der Kunst strukturiert. Sie markiert die doppelte Art und Weise, mit der sich hier der Abstand der Kunst zu sich selbst ausdrückt, die Spannung des Denkens und des Ungedachten, die das Regime bestimmen. Apollon stellt emblematisch den Moment dar, in dem sich die Vereinigung des Denkens mit dem Ungedachten der Kunst in einer harmonischen Gestalt niederlässt. Es ist die Gestalt einer Menschheit, in der sich die Kultur nicht von der Natur unterscheidet, eines Volkes dessen Götter sich nicht vom Leben der Polis trennen. Dionysos ist die Gestalt eines dunklen Grundes, der dem Denken widersteht, Gestalt des Leidens der ersten Natur im Kampf mit dem Riss der Kultur. Der „Widerstand" der Kunst, das ist die Spannung der Gegensätze, die endlose Spannung zwischen Apollon und Dionysos: zwischen der glücklichen Gestalt des annullierten Dissenses, der in der anthropomorphen Gestalt des schönen steinernen Gottes verborgen ist und dem wieder eröffneten Dissens, der in der dionysischen Raserei oder Klage aufs Heftigste gesteigert ist, im Willen zum Nichts von Ahab oder dem Nichts des Willens von Bartleby, diesen zwei Zeugen der ersten Natur, der „nicht-menschlichen“ Natur.

Hier verknotet sich die künstlerische „Dissensualität“ mit dem Thema des kommenden Volkes. Um diesen Knoten zu verstehen, müssen wir auf das zurückkommen, was das moderne ästhetische Regime der Kunst begründet: der Bruch des Einklangs zwischen den Regeln der Kunst und den Gesetzen der Sinnlichkeit, der die klassische Ordnung der Repräsentation markierte. In dieser Ordnung drückt sich über die Regeln der Kunst die aktive Form der passiven Materie auf. Und die verlässliche Lust verifizierte, dass die Regeln der künstlerischen poiesis mit den Gesetzen der Sinnlichkeit korrespondierten. Sie verifizierte sie zumindest für diejenigen, deren Sinne als wahrhafte Zeugen genommen werden konnten: die Menschen von Geschmack, die Menschen, die über eine verfeinerte Natur im Gegensatz zur wilden Natur verfügten. D.h. die Ordnung der Repräsentation war eine der doppelten Hierarchie: Befehlsgewalt der Form über die Materie, Unterscheidung zwischen wilder sinnlicher und verfeinerter sinnlicher Natur. „Der Mensch von Geschmack“, sagt Voltaire, „hat andere Augen, andere Ohren, einen anderen Takt als der grobe Mensch.“

Die ästhetische Revolution widerruft diese doppelte Hierarchie. Die ästhetische Erfahrung suspendiert die Befehlsgewalt der Form über die Materie, des aktiven Verständnisses über die passive Sinnlichkeit. Die ästhetische „Dissensualität“ ist also nicht einfach die

Spaltung der alten menschlichen „Natur“. Sie ist ebenso die Abschaffung der „Menschheit“, die sie implizierte: eine Menschheit, die durch die Unterscheidung zwischen Menschen mit groben und Menschen mit feinen Sinnen, zwischen Menschen mit einer aktiven Intelligenz und Menschen mit einer passiven Sinnlichkeit strukturiert war. Dies wird bereits durch den Paragraphen 60 der *Kritik der Urteilskraft* resümiert, der in der ästhetischen Universalität die Vermittlerin eines neuen Empfindens der Menschheit sieht, das Prinzip einer „Kommunikation“, welches den Gegensatz zwischen der Verfeinerung der kultivierten Klassen und der einfachen Natur der unkultivierten Klassen hinter sich lässt. Hinter Deleuzes „Monument, das zu der Zukunft spricht“, muss man die erste Musik dieser kantischen „Kommunikation“ hören. Man sollte sich ebenfalls daran erinnern, dass die *Kritik der Urteilskraft* Zeitgenossin der Französischen Revolution ist. Ein Autor hat alle Konsequenzen dieser Zeitgenossenschaft gezogen. Es ist Schiller, der in den *Briefen über die ästhetische Erziehung des Menschen* die politische Bedeutung des „Widerstands“ oder des ästhetischen „Dissenses“ befreit hat. Das freie ästhetische Spiel ist die Abschaffung des Gegensatzes zwischen Form und Materie, zwischen Aktivität und Passivität. Es ist die Abschaffung des Gegensatzes zwischen einer vollen Menschheit und einer Unter-Menschheit. Das freie ästhetische Spiel und die Universalität des Geschmacksurteils bestimmen eine neue Freiheit und eine neue Gleichheit, die verschieden sind von denen, die die revolutionäre Regierung unter der Form des Gesetzes einrichten wollte: eine Freiheit und eine Gleichheit, die nicht mehr abstrakt, sondern sinnlich sind. Die ästhetische Erfahrung ist die eines neuen Sensoriums, in dem die Hierarchien, die die sinnliche Erfahrung strukturierten, abgeschafft sind. Deswegen trägt sie in sich das Versprechen einer „neuen Lebenskunst" der Individuen und der Gemeinschaft, das Versprechen einer neuen Menschheit.

Der Widerstand der Kunst bestimmt so eine eigene „Politik", die sich für geeigneter als die andere erklärt, eine neue menschliche Gemeinschaft zu befördern, die nicht mehr durch die abstrakten Formen des Gesetzes, sondern durch die Bande der erlebten Erfahrung geeinigt ist. Sie trägt so das Versprechen eines kommenden Volkes, das eine tatsächliche und nicht mehr einfach repräsentierte Freiheit und Gleichheit kennen wird. Aber dieses Versprechen ist von dem Paradox des künstlerischen „Widerstands" markiert. Die Kunst verspricht ein Volk auf zwei widersprüchliche Arten und Weisen: insofern es Kunst ist und insofern es nicht Kunst ist.

Auf der einen Seite gibt die Kunst aufgrund ihrer Distanz zu anderen Formen sinnlicher Erfahrung, vermöge des *Widerstands*, der sie konstituiert, ein Versprechen. Im fünfzehnten der *Briefe über die ästhetische Erziehung des Menschen*, nachdem uns gerade versichert wurde, dass das freie ästhetische Spiel Begründer einer neuen Lebenskunst wäre, stellt uns Schiller imaginär vor eine griechische Statue, die als die

Juno Ludovisi bekannt ist. Die Göttin, sagt er uns, ist in sich selbst eingeschlossen, untätig, frei von jeder Sorge und jedem Zweck. Weder befiehlt sie, noch widersteht sie. Wir verstehen, dass diese „Abwesenheit von Widerstand" der Göttin den Widerstand der Statue bestimmt, ihre Äußerlichkeit in Bezug auf die normalen Formen der sinnlichen Erfahrung bestimmt. Weil sie nichts will, weil sie außerhalb der Welt des befehlenden Denkens und Willens steht, weil sie alles in allem „unmenschlich" ist, deswegen ist die Statue frei und präfiguriert eine Menschheit, die wie sie von den unterdrückenden Bindungen des Willens befreit ist. Weil sie stumm ist, weil sie nicht zu uns spricht und sich nicht für unsere Menschheit interessiert, kann die Statue „dem Ohr der Zukunft" das Versprechen einer neuen Menschheit „anvertrauen". Das Paradox des Widerstands ohne Widerstand äußert sich also in seiner ganzen Reinheit. Der Widerstand des Kunstwerks, welches die Göttin darstellt, die nicht widersteht, ruft ein kommendes Volk an. Aber er ruft es in dem Maße an, indem das Werk in seiner Distanz, seiner Entfernung von jedem menschlichen Willen beharrt. Der Widerstand der Statue verspricht den Menschen, die, gleich ihr, aufhörten zu widerstehen, die aufhörten ihr Leid und ihre Klagen in Kampf zu übersetzen, eine Zukunft.

Aber die Perspektive verkehrt sich sogleich, und das Paradox zeigt sich in inverser Form: die Kunst trägt für Schiller das Versprechen in dem Maß, wie sie das Resultat von etwas ist, das für diejenigen, die es gemacht haben, nicht Kunst war. Was die widerständige Freiheit der steinernen Statue ausmacht ist, Ausdruck einer bestimmten Freiheit zu sein – oder in deleuzianischen Begriffen, einer bestimmten Gesundheit. Die selbstgenügsame Freiheit der Statue ist die des Volkes, die sich dort ausgedrückt findet. Nun ist ein „freies" Volk in dieser Sichtweise ein Volk, das die Kunst nicht als abgetrennte Realität kennt, das die Trennung der gemeinschaftlichen Erfahrung in distinkte Formen, die man Kunst, Politik oder Religion nennt, nicht kennt. Was die Statue also verspricht, ist eine Zukunft, in der sich aufs Neue die Formen der Kunst nicht mehr von den Formen der Politik, auch nicht von den Formen der gemeinsamen Erfahrung und denen des gemeinsamen Glaubens unterscheiden werden. Der „Widerstand" der Kunst verspricht ein Volk in dem Maß, wie sie ihre eigene Abschaffung, die Abschaffung der Distanz oder der Nichtmenschlichkeit der Kunst verspricht. Die Kunst empfängt also als Ziel ihre eigene Abschaffung, die Transformation ihrer Formen in Formen einer gemeinsamen sinnlichen Welt. Von der Zeit der Französischen Revolution bis zu der der Russischen Revolution bedeutete die ästhetische Revolution diese Selbstrealisierung und diese Selbstabschaffung der Kunst in der Konstruktion eines neuen Lebens, in dem die Kunst, die Politik, die Ökonomie oder die Kultur in ein und derselben Form des gemeinschaftlichen Lebens verschmelzen.

Man weiß, dass sich diese Selbstabschaffung der Kunst in der Konstruktion einer Gemeinschaft auf gänzlich andere Art und Weise realisiert hat, als sie es selber gedacht hatte. Auf der einen Seite wurde sie von der Disziplin eines sowjetischen Regimes verschlungen, das nur aus den Künstlern Konstrukteure von Lebensformen zu machen brauchte und das Künstler allein als Illustratoren seiner eigenen Art und Weise, ein neues Leben zu konstruieren, wollte. Andererseits hat sich das Projekt einer Kunst, die die Formen alltäglichen Lebens formt, ironischerweise in der Ästhetisierung der Ware und des alltäglichen Lebens im Kapitalismus realisiert. Dieses doppelte, tragische und komische, Schicksal des Projekts einer Leben gewordenen Kunst hat als Reaktion die andere große Form der ästhetischen Metapolitik genährt: die Idee einer Kunst, die den Widerstand der Beherrschten begleitet und eine kommende Freiheit und Gleichheit in dem Maß verspricht, wie sie ihren absoluten Widerstand gegenüber jeder Art des Kompromisses in den Aufgaben einer politischen Militanz oder der Ästhetisierung der Formen des alltäglichen Lebens affirmiert. Dies resümiert die Formel Adornos, nach der es die gesellschaftliche Funktion der Kunst sei, keine Funktion zu haben.[4] In dieser Konzeption widersteht die Kunst nicht durch die alleinige Tatsache, dass sie ihre Distanz sichert. Sie widersteht, weil ihre Schließung sich selbst als unhaltbar erklärt, weil sie der Ort eines

---

[4] Vgl. Theodor W. Adorno, *Ästhetische Theorie*, hrsg. von Gretel Adorno und Rolf Tiedemann, Frankfurt am Main 1998, S. 336f.

unüberwindbaren Widerspruchs ist. Was die Einsamkeit der Kunst für Adorno nicht zu zeigen aufhört, ist der Widerspruch zwischen ihrer autonomen Erscheinung und der Realität der Arbeitsteilung, die durch die berühmte Episode der Odyssee symbolisiert wird, die die Beherrschung des an seinen Mast gebundenen Odysseus, die Arbeit der Matrosen mit verstopften Ohren und den Gesang der Sirenen von einander trennt. Um besser die kapitalistische Arbeitsteilung und die Verschönerungen der Ware anzuprangern, muss die Musik Schönbergs noch mechanischer und noch „unmenschlicher" sein als das fordistische Fließband. Aber diese Nichtmenschlichkeit lässt ihrerseits die Arbeit des Verdrängten, die kapitalistische Trennung der Arbeit vom Genießen aufscheinen. Indem es immer wieder die Nichtmenschlichkeit des Menschlichen und die Menschlichkeit des Nichtmenschlichen durchspielt, erhält der Widerstand des Werkes das Versprechen der Ästhetik auf ein versöhntes Leben aufrecht. Aber er erhält es nur um den Preis aufrecht, es unendlich aufzuschieben, als Simulakrum jede Versöhnung zurückzuweisen.

Der „Widerstand der Kunst" erscheint so als Paradox mit doppeltem Gesicht. Um das Versprechen eines neuen Volkes zu halten, muss er sich entweder selbst unterdrücken oder die Ankunft dieses Volkes unendlich aufschieben. Die Dynamik der Kunst ist seit zwei Jahrhunderten vielleicht die Dynamik dieser Spannung zwischen zwei Polen, zwischen der Selbstunterdrückung der Kunst und dem Aufschub ihres Volkes. Dieses Paradox in der Politik der Kunst verweist auf das eigentliche Paradox ihrer Definition im ästhetischen Regime der Kunst. Die Dinge der Kunst sind nicht länger, wie zuvor, über die Regeln einer Praktik bestimmt. Sie bestimmen sich über ihre Zugehörigkeit zu einer spezifisch sinnlichen Erfahrung, einer Erfahrung des Sinnlichen, die von den gewöhnlichen Formen sinnlicher Erfahrung abgezogen ist. Aber diese Differenz in den Formen der Erfahrung könnte keine Differenz in der Natur der Produkte selbst sein. Das ästhetische Sensorium, welches die Produkte der Kunst als Produkte der Kunst sichtbar macht, verleiht ihnen dadurch keine Materie oder sinnliche Qualität, die ihnen eigentlich zugehörte. Die Differenz der Kunst existiert nur insoweit als sie von Fall zu Fall, von Schritt zu Schritt, in den singulären Strategien des Künstlers konstruiert wird. Der Künstler muss absichtlich ein Werk schaffen, das in der Lage ist, sich als Kraft des Unpersönlichen und Nichtmenschlichen zu emanzipieren. Er muss es tun, obwohl er mit jedem Schritt riskiert, dass diese Unpersönlichkeit der Kunst sich mit einer anderen vermischt, mit der Prosa oder den Klischees der Welt, von denen es keine wirkliche Barriere abtrennt. Die ästhetische Differenz ist immer in der Form des *Als ob* herzustellen. Das Buch, sagt Proust, muss sich schreiben, als wäre es aus der Sprache der Empfindung selbst gemacht. Das Werk ist die verlängerte Metapher der inkonsistenten Differenz, die es als Gegenwart der Kunst und Zukunft eines Volkes einrichtet.

Dieses melancholische Schicksal der Kunst und ihrer Politik weist Deleuze zurück. Er versteht es zunächst, das Dilemma zu forcieren, dass die Kunst zwischen Selbstunterdrückung des Widerstands oder der Aufrechterhaltung eines Widerstandes, der unbegrenzt das kommende Volk aufschiebt, einschließt. Er will, dass die Schwingung eines *Dort* oder die Umklammerung zweier plastischer Formen den Widerstand eines Monuments haben. Und er will, dass das Monument zu der Zukunft spricht, dass eine Note von Berg, der Boxring in einem Gemälde von Bacon oder die Geschichte der Metamorphose, die von Kafka in einer Novelle erzählt wird, eben nicht das Versprechen eines Volkes, sondern seine Realität, eine neue Art, die Erde zu „bevölkern“, schaffen. Diese Forcierung des politischen Dilemmas der Ästhetik bei Deleuze setzt eine andere Forcierung in der Definition des Prozesses der Kunst selbst voraus. Für Deleuze kann Kunst nicht dem Regime des Als ob der Metapher unterstehen: ihr *Sinnliches* muss wirklich unterschieden sein. Das Nichtmenschliche, was die Kunst von sich selbst trennt, muss wirklich nichtmenschlich sein. Nichts ist in dieser Hinsicht bezeichnender als sein Verhältnis zu Proust. Er entleiht ihm die Schwingung und die Umklammerung, die die Konfrontation zweier Ordnungen bezeugen, die des über den Verstand organisierten Sinnlichen und jene des Sinnlichen in seiner Wahrheit. Aber bei Proust ist die Differenz in letzter Instanz die Arbeit der Metapher. Es ist die gewollte Metapher des Schriftstellers, die das unwillkürliche Eindringen der Wahrheit bezeugen, das heißt ihr ihre literarische Wahrheit geben soll. Deleuze weist zurück, dass die Metapher in letzter Instanz die Wahrheit seiner Wahrheit sei. Er will, dass es sich um eine reelle Metamorphose handelt: die Literatur soll nicht eine Metapher, sondern eine Metamorphose produzieren. Das Sinnliche, das sie produziert, muss von dem, was unsere alltägliche Erfahrung organisiert, genauso verschieden sein wie der Käfer im Zimmer von Gregor Samsa vom guten Sohn und dem aufrichtigen Angestellten Gregor Samsa verschieden ist. Die Melodie Schumanns soll sich mit dem Gesang der Erde identifizieren. Ahab soll Zeuge der „ersten Natur" sein und Bartleby ein Christus, der Vermittler zwischen zwei radikal verschiedenen Ordnungen. Für all dies muss der Künstler selbst von „der anderen Seite" kommen, er muss etwas zu Starkes erlebt haben, etwas Unerträgliches, eine Erfahrung der ersten Natur, der nichtmenschlichen Natur, von der er mit „geröteten Augen" und an seinem Fleisch gezeichnet zurückkehrt. Es ist also möglich, das kantische Als ob, die Proustsche Metapher oder den Adornitischen Widerspruch zu übersteigen. Bleibt nach dem Preis zu fragen, der für diesen Exzess zu zahlen ist. Dieser Preis ist genau die Wiedereinführung einer Transzendenz in das Denken der Immanenz.

Diese geröteten Augen, dieser Bezug auf etwas zu Starkes, Unerträgliches erinnert uns tatsächlich an eine andere philosophische Erfahrung der Begegnung zwischen zwei Ordnungen. Sie erinnern uns an die kantische Dramaturgie der Erfahrung des Erhabenen, die die Ordnung des Sinnlichen mit der Ordnung des Übersinnlichen konfrontiert. Für Deleuze kann sich die Kraft des künstlerischen Dissenses nicht in dem einfachen Spalt zwischen der poiesis und der aisthesis ausdrücken. Sie soll die Kraft sein, die der poiesis von der Übermacht einer aisthesis mitgeteilt wird, das bedeutet ganz sicher, sie soll die Kraft der ontologischen Differenz zwischen zwei Ordnungen der Realität sein. Der Künstler ist derjenige, der sich der Übermacht des reinen Sinnlichen, der nichtmenschlichen Natur ausgesetzt fand und die Arbeit, die das Perzept der Perzeption entreißt, ist der Effekt, dieser Übermacht ausgesetzt gewesen zu sein. Diese Konzeptionalisierung nimmt von der Kantschen Theorie des Erhabenen die Idee der Konfrontation zwischen zwei Ordnungen wieder auf. Der Unterschied ist, dass bei Kant die Konfrontation der Einbildungskraft mit einer sinnlichen Erfahrung der Maßlosigkeit den Geist einführt, der sich der höheren Kraft der Vernunft und ihrer übersinnlichen Bestimmung bewusst ist. Bei Deleuze ist das Übersinnliche, dem man in der erhabenen Erfahrung begegnet, nicht intelligibel, es ist das pure Sinnliche, die nichtmenschliche Kraft des Lebens. Aus der Immanenz muss also Transzendenz werden. Die Erfahrung des Erhabenen ließ uns bei Kant aber auch den Bereich der Kunst und der Ästhetik verlassen. Sie markierte die Passage aus der ästhetischen Sphäre in die der Moral. Bei Deleuze ist diese Differenz der ästhetischen Autonomie von der moralischen Autonomie in das Zentrum selbst der Praxis der Kunst und der ästhetischen Erfahrung wieder eingebunden. Die Kunst ist die Transkription der Erfahrung des Sinnlichen-Übersinnlichen, die Äußerung einer Transzendenz des Lebens, welches der deleuzianische Name des Seins ist. Sie ist die Transkription einer Erfahrung der Heteronomie des Menschlichen in Bezug auf das Leben.

In welchem Maß kann diese heteronome Kraft des Lebens die Kraft einer menschlichen Gemeinschaft im Kampf werden? Um diese Frage zu stellen, scheint es mir nützlich, die Deleuzianische Formulierung mit der eines ihm zeitgenössischen Philosophen zu vergleichen, der aus den gleichen Voraussetzungen diametral entgegen gesetzte Konsequenzen gezogen hat. Lyotard setzt das Kantische Erhabene als Prinzip der modernen Kunst an. Die ganze moderne Kunst ist für ihn die Inskription des erhabenen Missverhältnisses zwischen dem Geist und einer exzessiven sinnlichen Kraft, einer Kraft, die den Geist enteignet. Auch für ihn ist diese Kraft des Sinnlichen-Übersinnlichen die des Nichtmenschlichen. Er schreitet also, wie Deleuze, über die Umkehrung der kantischen Analyse voran. Wie Deleuze transformiert er den Abstand zwischen beiden Sphären in die Erfahrung einer Transzendenz des Sinnlichen über sich selbst. Und wie jener macht er aus der Erfahrung dieser Transzendenz das eigenste Prinzip der künstlerischen Praxis. Aber er zieht daraus eine andere Konsequenz. Deleuze und Guattari schreiben einen *Kafka*, um diese Übermacht des Sinnlichen der Ausnahme der paranoiden ödipalen Herrschaft des Vaters und des Gesetzes entgegenzustellen und ein Prinzip einer brüderlichen Gemeinschaft daraus zu gewinnen. Lyotard zieht den umgekehrten Schluss. Der Schock des Sinnlichen-Übersinnlichen ist nicht die deterritorialisierende Kraft, die aus dem Monument einen Appell an die brüderlichen Umklammerungen der Zukunft macht. Er ist die Kraft, die den Geist von sich selbst trennt, die die ursprüngliche und unwiderrufliche Entäußerung an die Macht des Anderen bezeugt. Dieses andere nimmt also den Namen des Freudschen Dings an, bevor es den Namen des Gesetzes annimmt. Die Kunst wird die Zeugenschaft der uralten Abhängigkeit des Geistes von dem Anderen. Die brüderliche Utopie ist nur die Verwandlung dieses Traums von Emanzipation, der in der Zeit der Aufklärung geboren wurde, der der Traum eines Geistes ist, der Herr seiner selbst und seiner Welt ist, befreit von der Kraft des Anderen. Für Lyotard ist dieser Traum einer Menschheit als Herrin ihrer selbst nicht nur einfach naiv, sondern kriminell. Er findet seine Realisierung im Genozid der Nazis. Die Auslöschung der Juden in Europa ist tatsächlich die Auslöschung des Volkes, das die Abhängigkeit des Geistes von dem Gesetz des Anderen bezeugt. Der Widerstand der Kunst besteht also darin, eine doppelte Zeugenschaft abzulegen: Die Bezeugung der unüberschreitbaren Entäußerung des Menschlichen und die Bezeugung der Katastrophe, die aus der Verkennung dieser Entäußerung geboren wird. Lyotard zieht also aus der Reinterpretation des erhabenen Abstandes Konsequenzen, die dem kommenden Volk bei Deleuze vollkommen entgegengesetzt sind. Sie sind sicherlich weniger sympathisch. Ich fürchte leider, dass sie auch nicht logischer sind, dass die im Herz der Immanenz eingeführte Transzendenz tatsächlich nicht bedeutet, dass die Kunst dem Gesetz einer Heteronomie unterworfen ist, welches jede Übertragung der Schwingung der Farbe und der Umklammerung der Formen zu den Schwingungen und Umklammerungen einer brüderlichen Menschheit zurückweist.

Vielleicht muss man also wählen: Entweder ist die sinnliche Differenz, die die Kunst einführt, eine Differenz ohne ontologische Konsistenz, eine Differenz, die jedes Mal in der singulären Arbeit der Impersonalisierung, die einem besonderen künstlerischen Vorgehen eigen ist, wiederholt wird. Die künstlerische Aneignung des Nichtmenschlichen bleibt die Arbeit der Metapher. Und genau durch diese Unsicherheit verbindet sie sich mit der Arbeit, die unsicher ist und immer von der politischen Erfindung, die ihre Themen und Szenen von der Normalität der sozialen Gruppen und ihren Interessenskonflikten abtrennt, bedroht wird. Oder aber man transformiert die poetische in eine ontologische Differenz. Aber diese Realisierung läuft darauf hinaus, die Besonderheiten der politischen oder künstlerischen Erfindung in einer gleichen Erfahrung des Sinnlich-Übersinnlichen zu ertränken. Das Politik-Werden der Kunst wird also die ethische Konfusion, in der die Kunst und die Politik sich gegenseitig verschwinden lassen, im Namen ihrer Vereinigung. Was aus dieser Konfusion logischerweise folgt, ist nicht die durch die Erfahrung des Nichtmenschlichen brüderlich gewordene Menschheit. Es ist eine Menschheit, die zurückverwiesen wird an die Vergeblichkeit jedes brüderlichen Traums.

Das Thema des „Widerstands" der Kunst ist also etwas ganz anderes als eine Doppeldeutigkeit der Sprache, von der man sich befreien könnte, indem man beides, die Konsistenz der Kunst und den politischen Widerspruch, auf die jeweilige Seite verweist. Es bezeichnet vielmehr die intime und paradoxale Verbindung zwischen einer Idee der Kunst und einer Idee der Politik. Die Kunst lebt seit zwei Jahrhunderten von genau dieser Spannung, die sie zugleich in sich selbst und außer sich selbst sein und eine Zukunft versprechen lässt, die dazu bestimmt ist, unvollendet zu bleiben. Das Problem ist folglich nicht, beide an sich zurück zu verweisen, sondern die Spannung selbst aufrecht zu erhalten, die eines mit dem anderen verspannt, eine Politik der Kunst und eine Poetik der Politik, die nicht zusammenkommen können, ohne sich gegenseitig zu unterdrücken. Diese Spannung aufrecht zu erhalten bedeutet heutzutage ohne Zweifel, sich der ethischen Konfusion entgegenzustellen, die dazu tendiert, sich im

Namen und unter dem Namen des Widerstands aufzudrängen. Die Bewegung des Monuments zur Umklammerung und der Umklammerung zum Monument vollendet sich immer nur um den Preis ihrer Annullierung. Damit der Widerstand der Kunst nicht in seinem Gegenteil verschwindet, muss er die unaufgelöste Spannung zwischen zwei Widerständen bleiben.

Gespräch mit Jacques Rancière[5]

In Ihrem Buch *Die Aufteilung des Sinnlichen* sprechen Sie von einem „System sinnlicher Evidenzen, das zugleich die Existenz eines Gemeinsamen aufzeigt wie auch die Unterteilungen, durch die innerhalb dieses Gemeinsamen die jeweiligen Orte und Anteile bestimmt werden".[6] Sie sprechen auch von einer *ersten Ästhetik,* von der ausgehend erst eine spezifische *Weise, Kunst zu identifizieren* verstanden werden kann. Können Sie dies erläutern? Wie ist das Verhältnis der *Aufteilung des Sinnlichen* und dem, was Sie *ästhetisches Regime der Kunst* nennen, gibt es einen Abstand zwischen beiden? Und wie wäre die Idee des Denkens, die an diese *Aufteilung* gebunden ist, zu fassen?

Rancière: *Ich habe von einer „ersten Ästhetik" in dem Sinn gesprochen, dass selbst nicht-„künstlerische" Praktiken wie die Politik die sinnliche Konfiguration einer bestimmten Welt voraussetzen: Die Politik bestimmt eine gemeinsame Welt, sie definiert Gegenstände als gemeinsame, was auch bedeutet, dass sie andere von dieser Gemeinschaft ausschließt. Sie definiert ferner eine bestimmte Form der Kompetenz, diese gemeinsamen Gegenstände zu sehen, sie zur Diskus-*

---

[5] Das Gespräch wurde von Frank Ruda und Jan Völker am 23. März 2006 in Paris geführt.

[6] Jacques Rancière: *Die Aufteilung des Sinnlichen. Die Politik der Kunst und ihre Paradoxien*, Berlin 2006, S. 25.

sion zu stellen und auf sie bezogen zu handeln. Das heißt, sie unterscheidet zwischen denen, die diese Fähigkeit haben und jenen, die sie nicht haben. Nun ist diese Unterscheidung aber eine Frage sinnlicher Evidenz bevor sie die Angelegenheit einer philosophischen oder juridischen Definition wird. Aristoteles definierte die politische Fähigkeit ausgehend vom Besitz der menschlichen Sprache, die darlegt, im Gegensatz zur tierischen Stimme, die allein Lust und Schmerz ausdrückt. Aber es hat ausgereicht, um einen Großteil der Menschheit aus der Politik zu verdrängen, nicht zu „sehen", dass sie sprechen, ihr Reden auf den einfachen Lärm des tierischen Lebens zurückzuführen. Die Politik ist also zunächst die Verhandlung über das, was sinnlich gegeben ist, über das, was sichtbar ist, über die Art, in der es sagbar ist und darüber, wer es sagen kann. Dies richtet eine Verteilung des Sichtbaren, Sagbaren und Machbaren ein, im doppelten Sinn des Wortes Verteilung: Was als gemeinschaftlich gegeben wird, aber auch, was auf die zwei Seiten einer Teilungslinie verwiesen wird, die das Sichtbare vom Unsichtbaren, das Hörbare vom Unhörbaren, das Mögliche vom Unmöglichen unterscheidet, und schließlich auch diejenigen, die sprechen von jenen, die nicht sprechen, diejenigen die können von denen, die nicht können usw. Diese erste Ästhetik ist es, was ich Aufteilung des Sinnlichen genannt habe, das heißt die Verteilung der Formen, die die gemeinsame Erfahrung strukturieren. Man könnte von Formen der gemeinsamen sinnlichen Erfahrung a priori spre-

chen, indem man den kantischen Begriff übertrüge und erweiterte. Aber diese Formen a priori sind immer historisch determinierte Formen. Das bedeutet nicht einfach Formen, die in dieser oder jener Epoche existieren. Denn diese Formen bestimmen selbst Typen von Historizität: Bedeutungen von Geschichte, Abgrenzungen dessen, was historisch ist von dem, was es nicht ist, derer die Geschichte „machen" von denen, die es nicht tun. Und vor allem sind es polemische Formen. Sie sind Produkte von Spannungen und Konflikten. Die Geschichte der Politik ist die Geschichte der Arten und Weisen, mit welchen jene, die nicht als fähig angesehen wurden, die gemeinsamen Angelegenheiten zu erkennen und zu beurteilen, das Feld des Sichtbaren, Sagbaren und Denkbaren, dass sie in diesem Unvermögen eingeschlossen hatte, neu zu zeichnen wussten. Eine Aufteilung des Sinnlichen ist immer ein Zustand von Kräften.

Innerhalb dieses historischen und polemischen Rahmens bestimmen sich die Regimes der Identifikation der Künste, das heißt die Regimes der Wahrnehmung und des Denkens, die bestimmte Tätigkeiten abteilen, die als Künste anerkannt werden, als Schöne Künste oder als K u n s t. Diese Unterteilungen sind immer eine Weise des Einschnitts in eine Vielzahl von Aktivitäten, die eine bestimmte Kunst (also ein bestimmtes praktisches Wissen) ins Werk setzen und sie einem bestimmten sinnlichen Milieu zuordnen. Sie definieren also immer eine bestimmte Form der Auftei-

lung des Sinnlichen. Ich habe vorgeschlagen, jene Aufteilung ein ethisches Regime zu nennen, in dem die Tätigkeiten, die wir die Künste nennen, nicht als autonome verstanden werden, in dem sie aber direkt an die Seinsweisen einer Gemeinschaft assimiliert werden: der Tanz ist hier ein Ritual oder eine Therapeutik, die Poesie eine Weise der Erziehung, das Theater eine öffentliche Festivität usw. Ich habe vorgeschlagen, jenes Regime ein poetisches Regime oder Regime der Repräsentation zu nennen, welches eine eigene sinnliche Sphäre der mimetischen Aktivitäten bestimmt. Diese werden hier wie technische Erfindungen gedacht, die spezifische Affektionsformen, zum Beispiel die Furcht und das Mitleid der Tragödie, produzieren. Dieses Regime setzt einen Einklang zwischen den Regeln der Produktion der Künste (der poiesis) und den Gesetzen der menschlichen Sinnlichkeit (der aisthesis) voraus. Aber offensichtlich ist diese menschliche Sinnlichkeit tatsächlich eine Sinnlichkeit, die dadurch markiert ist, dass sie in einem System von Analogien zu sozialen Hierarchien steht: In diesem Regime gibt es repräsentierbare und nicht repräsentierbare Dinge, edle Formen, die den großen Sujets entsprechen und minderwertige Formen, die den niederen Sujets entsprechen, eine Hierarchie der Künste und Genres.

Ich nenne ästhetisches Regime ein Regime, welches keine Form der Entsprechung mehr, das heißt keine Hierarchie dieser Art voraussetzt. Dieses Regime qualifiziert die Dinge der Kunst nicht nach den Regeln ihrer

Produktion, sondern nach ihrer Zugehörigkeit zu einem besonderen Sensorium und zu einem spezifischen Erfahrungsmodus. Das soll nicht bedeuten, dass man hier in der Welt des reinen Verstandes oder Geistes wäre, ohne Bezug zu den sozialen Realitäten. Das soll heißen, dass die Produkte der Künste nicht länger über die Höhe der Stellung der Sujets, die sie behandeln, qualifiziert werden, oder über Bestimmungen, die sie erfüllen oder über soziale Kräfte, denen sie dienen. Sie schreiben sich in eine eigene Sphäre der Erfahrung ein. Nur in diesem Regime existiert die Kunst als solche, und nicht mehr einfach die Künste oder die schönen Künste, nur in diesem Regime hat die Kunst eine Geschichte (die sich von den "Leben berühmter Künstler" unterscheidet) und eigene Institutionen: die Statue eines griechischen Gottes, eine Darstellung der Kreuzigungsszene, ein Königsporträt oder eine flämische Wirtshausszene unterstehen im Museum alle der gleichen, indifferenten Betrachtung der ursprünglichen Zielsetzung der Werke und der Ausarbeitung ihrer Sujets; die Musik gibt sich im Konzertsaal einfach als Musik, ohne Zusammenhang mit einem Text oder einer Funktion. Es gibt keinen Zusammenhang mehr zwischen einer künstlerischen Normativität und einer hierarchischen Aufteilung des Sinnlichen. Das meint nicht, dass Kunst einfach „durch sich selbst" definiert ist. Denn genau dieses „sie selbst" ist problematisch: Das, was der Kunst „eigen" ist, ist eine Sphäre einer spezifischen Erfahrung, und leitet sich nicht aus Gesetzen oder den

Eigenschaften ihrer Objekte her. Auf der einen Seite gibt es keine edlen und minderwertigen Sujets, keine vornehmen und vulgären Genres mehr. Alles Beliebige kann Teil haben an der Gleichheit im Königreich der Kunst. Die Darstellung einer Wirtshausszene oder die Geschichte der Affären eines Bauernmädchens gehören ebenso zur Kunst wie die Pracht oder die höfischen Lieben. Vor allem aber gibt es keine Korrespondenz zwischen poiesis und aisthesis mehr, keine Regeln mehr, die es erlauben zu sagen, warum die Dinge schön oder nicht schön sind, keine vorausgesetzte Übereinstimmung der Regeln der Kunst mit den Gesetzen der Sinnlichkeit mehr. Wenn Kant das Schöne ausgehend vom freien, nicht hierarchischen Spiel zwischen dem intellektuellen und dem sinnlichen Vermögen definiert, wenn er zwischen dem Objekt des ästhetischen Urteils und dem Objekt der Erfahrung des Begehrens unterscheidet, unterstreicht er diese doppelte Suspension einer Hierarchie der Erkenntnis und einer Hierarchie der Güter und der Größen. Schiller radikalisiert dies: Die ästhetische Erfahrung ist der Ruin der Hierarchien, die den Stoff der Form, die Sinnlichkeit der Intelligenz, die Passivität der Aktivität unterwarfen. Sie ist der Ruin der Aufteilung des Sinnlichen, die die Herrschaft über den Unterschied einer sinnlichen Befähigung zwischen Menschen mit entwickelten Sinnen und Menschen mit groben Sinnen regelte. Und das ermöglichte ihm, eine Freiheit und Gleichheit zu entwerfen, die sinnliche Realitäten und nicht einfach legalistische oder staatliche Formeln sind. Auf dieser Schicht ruht der Traum einer ästhetischen Revolution auf, der in den Formen der erlebten Erfahrung selbst eine Freiheit und eine Gleichheit realisierte, die in ihren rein politischen Formen immer dazu verurteilt wären, abstrakt zu bleiben. Das ist keine Frage einer idealistischen Utopie: Das ästhetische Regime der Kunst erstellt als Bedingung der Möglichkeit von ästhetischer Erfahrung eine neue Aufteilung des Sinnlichen. Es schließt in eben dieser Konstitution dieser Erfahrung eine politische Dimension in sich ein.

Das ästhetische Regime der Kunst identifiziert Kunstwerke, die, wenn man so sagen kann, den Raum der möglichen sinnlichen Erfahrung ausloten und verändern. Wie tief, würden sie sagen, vermögen diese Einschnitte zu reichen? Irritiert Kunst nicht nur das Sagbare und Sichtbare, sondern auch das Hörbare, Fühlbare, Olfaktorische?

Rancière: *Man muss das Sinnliche vom Sensorischen unterscheiden. Das Sensorische definiert – oder könnte definieren – eine reine Information oder einen reinen, von einem Sinn produzierten Stimulus. Das Sinnliche ist ein aufgeteilter Sinn (sens): Sinn in Verbindung mit Bedeutung (sens), Sichtbares als Sagbares artikuliert, was interpretiert, evaluiert wird usw. Die Aufteilungen des Sinnlichen modifizieren nicht unsere Wahrnehmung der Farben als sensorische Informatio-*

nen. Aber die Farbe ist genau immer mehr als die Farben. Die Farbe schreibt sich in eine Verteilung des Sinnlichen ein, in der sie in Beziehung zu etwas anderem als sich selbst gesetzt wird: zu dem Strich oder der Zeichnung. In einem ethischen Regime wird die Farbe oft mit einem symbolischen Wert assoziiert. Im Regime der Repräsentation wird sie in der Hierarchie der Zeichnung untergeordnet. Das ästhetische Regime bricht mit dieser Unterordnung des kolorierten Stoffes unter die gezeichnete Form. Dabei modifiziert es die sinnliche Wahrnehmung der Farbe selbst. In der Anschauung, die die Kritiker des 19. Jahrhunderts von der Malerei haben, hört die Farbe auf, eine Eigenschaft des dargestellten Sujets oder ein über die dargestellten Körper ausgedehntes Ornament zu sein, sie tendiert dazu, eine Realität an sich zu werden, ein Ereignis des Stoffs. Sie gilt für sich selbst, was auch bedeutet, dass die Bemühung, ihren Effekt zu beurteilen nicht mehr allein den Kennern zukommt, sondern allen. Die Farbe schreibt sich also in eine Aufteilung des Sinnlichen ein, die zugleich eine Aufteilung der Kompetenzen ist. Man könnte das gleiche für den Ton sagen. Die Aufteilung des Sinnlichen modifiziert nicht die Frequenz und Intensität der akustischen Zeichen. Es modifiziert im Gegenzug aber die Einschreibung akustischer Sequenzen in eine Welt der Erfahrung. Ein Begriff wie der der Musik ist in dieser Hinsicht bemerkenswert: dieser Begriff führt eine Differenzierung im Reich der Töne ein. Diese Differenzierung selbst bringt nun Kategorien ins Spiel, die dem

Reich der Töne äußerlich sind: „Musik“ bedeutet „was von den Musen abhängt“. Was von den Musen abhängt ist, was einer anderen Rechtsordnung untersteht als der der technischen Fertigkeit und was die elitären Vergnügen als von der handwerklichen Fertigkeit und von den vulgären Vergnügen getrennt bestimmt. Die „Musik“ führt also eine soziale Aufteilung im Universum der Töne ein. Und die soziale Hierarchie zeigt sich ihrerseits zunächst als sensorielle Differenz. Die Leute von Geschmack, sagt Voltaire, haben nicht die gleichen Sinne wie die einfachen Leute. Das bedeutet nicht, dass sie nicht die gleichen akustischen Intensitäten wahrnähmen. Aber es meint, dass die einen in einer Welt leben, die durch Musik normiert wird, während die anderen in einer Welt des Lärms leben. Das ästhetische Regime stellt diese sinnliche Aufteilung in zwei Arten von Menschheit, die Aufteilung in eine Welt des Lärms und eine der Musik, in Frage. Aber es unternimmt dies auch, indem es den musikalischen „Lärm“ von bestimmten Funktionen befreit, mit denen die Musik assoziiert wurde: religiöse Zeremonien, Begleitung der Worte im Theaterdrama, Unterhaltung im Rahmen gesellschaftlicher Zusammenkünfte usw. Das ist der Sinn der Befreiung der instrumentalen Praxis am Ende des 18. Jahrhunderts: Eine Musik, die nichts illustriert, die keiner Funktion dient. Diese sinnliche Revolution unterscheidet sich für mich von der sensoriellen Revolution, welche bestimmte Künstler am Ende des 19. Jahrhunderts und in der Mitte des 20. Jahrhunderts sich haben erträumen können: etwa die allen Sinnen zugängliche Poesie Rimbauds, Versuche der Synästhesie in der Epoche der Symbolisten, das Theater der Grausamkeit Antonin Artauds usw. Es handelt sich also genau darum, eine andere sensorische Sinnlichkeit zu bestimmen. Es gibt auf die gleiche Weise eine Assimilation des Sinnlichen an das Sensorische, wenn Adorno erklärt, dass bestimmte Akkorde nicht mehr gehört werden können. Für mich sind diese Deklarationen eines spezifisch sensoriellen Bruchs nur Formen partikularer Interpretationen der ästhetischen Revolution und der neuen Aufteilung des Sinnlichen, die sie definiert.

Eine Ihrer zentralen Referenzen für den Einsatz des ästhetischen Regimes ist Schiller. Was ist für Sie die spezifische Relevanz Schillers für das *ästhetische Regime?* Vielleicht ließe sich eine zentrale Kategorie des *Regimes* herauszugreifen: die Bedeutung des Lebens. Im 15. Brief zur ästhetischen Erziehung von Schiller, auf den Sie sich oft berufen, benennt Schiller als Gegenstand des sinnlichen Triebes das Leben: Gestalt als Gegenstand des Formtriebes. Sie selbst haben verschiedentlich darauf hingewiesen, dass Kunst im *ästhetischen Regime der Kunst* Leben wird, sich der Autopoiesis des Lebens angleicht. Wie würden Sie die Rolle des Lebens im *ästhetischen Regime der Kunst* beschreiben?

Rancière: *Unter dem Begriff des Lebens lassen sich sehr verschiedene, wenn nicht entgegengesetzte Dinge verstehen. Das Leben ist die Entfaltung einer Kraft – biologisch, historisch, ontologisch – und es ist im Gegensatz dazu alltägliches Leben, in seiner Entgegensetzung zu den Ausnahmensituationen der politischen Aktion, des künstlerischen Werks usw. In Begriffen der Aufteilung des Sinnlichen bedeutet dies, eine bestimmte Verknotung, eine bestimmte Verteilung dieser verschiedenen „Leben" zu betrachten. Zum Beispiel beansprucht das aristotelische Paradigma für das dramatische Gedicht ein gewisses Leben – jenes des organischen Körpers mit funktionellen Gliedern, die harmonisch verteilt sind – und verwirft ein anderes: das Leben als einfache Abfolge von Ereignissen, dem die Tragödie eine Verkettung konstruierter Handlungen gegenüberstellt. Es ist klar, dass diese Bewertung des Lebens als Form des Gedichts und diese Entwertung des Lebens als sein Inhalt selbst die Hierarchie zweier Arten von Leben übersetzen: Das Leben derer, die handeln und das Leben derer, die nichts tun als zu leben. Das „Leben" definiert also eine bestimmte symbolische Physiologie des sozialen Körpers. Schiller sucht diese Physiologie zu stören, indem er eine neue lebendige Kraft einführt, einen dritten Trieb. Solange man beim Leben als Objekt des sinnlichen Triebs verbleibt, verbleibt man in der Hierarchie von aktiv und passiv. Mit dem Spieltrieb hat man es mit einer lebendigen Kraft zu tun, die die Verteilung der Leben ent-regelt.*

Dies ist also eine sich neu bestimmende Konfiguration der Beziehung zwischen dem Leben und den künstlerischen Formen. Diese Konfiguration instituiert eine separierte Sphäre des Lebens für die ästhetische Erfahrung, (da ja das Spiel aus der Opposition des Intellektuellen zum Sinnlichen hervorgeht) aber sie entfernt im Gegenzug jede Unterscheidung zwischen den Produktionen der Künste und den Produkten anderer Sphären der Erfahrung (da es keine Hierarchie der Leben mehr gibt, die den Inhalt der Kunst bestimmte). Auf der einen Seite macht sich die künstlerische Erfahrung daran, eine spezifische Form der Erfahrung zu bestimmen, die separiert ist von anderen. In diesem Sinn opponiert sie einem bestimmten „Leben", das heißt einer hierarchischen Verteilung des Sinnlichen, gemäß der die Künste dazu bestimmt sind, den Größen der Zeit oder den geistlichen Größen zu dienen oder diese zu illustrieren (Religion, Monarchie, aristokratisches Leben) und gemäß der die schönen Künste für die mächtigen Männer und für die Vergnügungen des adeligen Lebens bestimmt sind und so von den mechanischen, an die Notwendigkeiten des Lebens gebundenen Künsten unterschieden sind. Dieser Absetzung von traditionellen hierarchischen Funktionen korrespondiert auch eine Absetzung der internen Hierarchie, durch welche sich die künstlerische Praxis definierte: Das Aufzwingen einer aktiven, intelligenten Form auf eine passive, sinnliche Materialität. Die Kantische Konzeption des Geschmacksurteils und die Schillersche Konzeption des „Spieltriebs" organisieren sich um eine Widerlegung dieser Verteilung von Aktivem und Passivem. Aber diese Scheidung zwischen der Kunst und einem bestimmten Leben bedeutet auch zweierlei: es gibt keine eigentlich künstlerischen Sujets mehr, keine Grenze mehr zwischen dem, was der Würde der schönen Künste zukommt und dem, was der gewöhnlichen Erfahrung zugehört. Die Tradition der Repräsentation hatte aus der Mimesis die Konstruktion von „Systemen von Handlungen" gemacht, die untereinander verbunden waren und stellte diese Verkettung von Handlungen der „Geschichte" gegenüber, die die einfache Reproduktion des Lebens ist, das heißt die Bedingung der vom Reich der Handlungen ausgeschlossenen Lebewesen, die allein der einfachen Reproduktion der Existenz gewidmet sind. Von nun an ist die Grenze zwischen der Handlung und dem Leben ohne Konsistenz. Alles Beliebige kann ein Teil der Kunst werden. Und parallel dazu gibt es keine Trennung zwischen einer verfeinerten Natur und einer unkultivierten Natur mehr: Kunst hat keine spezifischen Sender und keine privilegierten Empfänger mehr. Diese doppelte Widerrufung hat die Idee einer Kunst genährt, die dem Leben ähnlich geworden ist. Die Kunst, die in der Vergangenheit die eines Phidias oder eines Sophokles gewesen wäre: eine Kunst, die der Entwicklung des Lebens einer Gemeinschaft ähnelt; die Kunst aufgerufen dazu, in der Zukunft identisch mit der Produktion neuer Formen des Lebens zu sein. „Leben" muss hier eher verstanden werden im Sinne einer determinierten Aufteilung des Sinnlichen denn im biologischen oder ontologischen Sinne.

Würden Sie sagen, es gibt einen Zusammenhang mit den Lebenswissenschaften, die zum gleichen Zeitpunkt entstehen?

Rancière: *Es ist nicht die Emergenz des wissenschaftlichen Begriffs vom Leben, die in diesem Fall allein eine Rolle spielen kann. Sagen wir einfach, dass diese Emergenz eine Kraft der Immanenz sowie eine Form von Universalität definiert, die Bestandteil der Widerlegung der Hierarchien zwischen Geist und Körper oder Form und Materie ist. Aber „das Leben" ist nicht einfach der Begriff dessen, was das Lebendige vereint, es ist auch das Feld einer Differenzierung, auf dem das „schlicht Biologische", das „nackte Leben" einen niederen „Modus des Lebens" definiert: diese Aufteilung wird sowohl von der politischen Revolution wie von der ästhetischen Revolution in Frage gestellt. Die neue Wissenschaft des Lebens reicht allein nicht aus, um sie zu beseitigen, selbst wenn sie dazu beiträgt.*

Wenn Sie von dem *ästhetischen Regime der Kunst* sprechen, finden sich häufig die Begriffe Schönheit, Gleichheit und Wahrheit verknüpft. Wie ist der Zusammenhang dieser Begriffe und wie verstehen Sie ihre Bedeutung im Einzelnen?

Rancière: *Beginnen wir mit dem Zusammenhang von Schönheit und Gleichheit. Das Prinzip des ästhetischen Regimes ist zunächst, dass die Schönheit gleichgültig gegenüber der Qualität des Sujets ist. Eine Auslage von Früchten oder Fischen, die Gefühle eines einfachen Lebewesens, ein Ehebruch in einer kleinen Stadt der Provinz sind genauso empfänglich für Schönheit wie die Gestalt der olympischen Götter oder die Darstellung der Handlungen eines Streites zwischen Fürsten. Das bedeutet auch, dass das neue Prinzip des Schönen ein Prinzip der Neutralisierung ist: Die Betteljungen, gemalt von Murillo, haben die Unbekümmertheit der olympischen Götter, sagt Hegel. Es ist also klar, dass die Gleichheit derjenigen, die auf den Straßen wohnen mit denen des Olymps an eine andere Gleichheit gebunden ist: an jene, die an einem Körper den Ausdruck der Handlungen, Gefühle, Gedanken neutralisiert. Die ästhetische Gleichheit ist zunächst eine Neutralisierung eines bestimmen Regimes der Expressivität. Die Betteljungen sind ebenso schön wie der berühmte Torso oder der Apollo, der bei Winckelmann gefeiert wird. Sie sind schön, weil sie als solche weder etwas tun noch reden, weil ihre Körper nichts ausdrücken. Was die neue Schönheit annulliert, ist das System durch welches Körper Zeichen präsentierten, die Gedanken oder Gefühle übersetzten, Handlungen zusammenfassten usw. Was sie annulliert ist also das System der Wahrscheinlichkeit. Denn die Wahrscheinlichkeit war die Art, in der das Regime der Repräsenta-*

tion die Wahrheit auf Distanz hielt. Die Mimesis des Aristoteles stand darin in Opposition zu der des Platon: die Werke der Poeten mussten nicht wie trügerische Bilder oder wie moralisch zweifelhafte Modelle beurteilt werden. Sie mussten einzig vom Punkt der Kohärenz der Zusammenfügung von Handlungen, von Formen und Zeichen, die sie entwickelten, beurteilt werden (eine Kohärenz, die sicherlich darüber nicht weniger mit Normen und externen Hierarchien verknüpft war).

Es ist diese Kohärenz, die das ästhetische Regime zerstört hat, indem es die Sujets als gleichgültig deklariert hat und die klassischen Modelle der Konstruktion von Handlungen und des Ausdrucks von Leidenschaften widerrufen hat. Die Schönheit wird nicht mehr von der Wahrscheinlichkeit normiert. Sie ist aufs Neue wieder im Zusammenhang mit der Wahrheit. Aber diese Wahrheit ist ohne Kriterium. Sie muss sich selbst durchsetzen, index sui sein. Aber diese Demonstration ihrer selbst verfährt paradoxerweise über den Umweg einer Entstellung ihrer selbst, einer Differenz mit sich selbst. Diese Paradoxie im Herzen aller stärkeren Affirmationen der Frage der Wahrheit findet man im Inneren des ästhetischen Regimes. Die sexuelle Unterteilung der Aufgaben zwischen dem Gedicht und der Musik unterstützt den Wagnerschen Willen des Gesamtkunstwerks. Es ist die Notwendigkeit des apollinischen Schleiers für die dionysische Wahrheit, die im Herzen der nietzscheanischen Definition der Tragödie angelegt ist. Man findet das gleiche Paradox in der

Reflexion Flauberts auf die Literatur wieder: es gibt keine Sujets mehr, das Werk ruht in sich selbst, es führt seinen eigenen Beweis von Satz zu Satz. Aber die Wahrheit oder Unwahrheit des Satzes ist eine Angelegenheit, die sich nur über seinen Klang zu erkennen gibt. Proust löst das Problem anders, indem er die Wahrheit des Buches halbiert: auf der einen Seite enthüllt sich die Wahrheit wie die Schlussfolgerung einer Lehrzeit, die vom Schriftsteller wie eine Reise durch anti-künstlerische Irrtümer wissend konstruiert ist; auf der anderen Seite erscheint sie in der Form des reinen Ereignisses, welches das Subjekt überrascht und sich in ihm schreibt ohne dass er es wüsste.

Würden Sie sagen, dass Kunst heute dem *ästhetischen Regime der Kunst* unterliegt? Wie lässt sich beispielsweise eine Videoinstallation mit Arbeiten Schillers vergleichen, was trennt sie? Sie vertreten die These, dass Moderne und Postmoderne untaugliche Konzepte sind. Wie aber würden Sie Entwicklungen der Kunst gerade hinsichtlich ihrer Desubjektivierung über Medien/ Computer beschreiben?

Rancière: *Präzisieren wir zunächst, dass das ästhetische Regime nicht eine Erfindung von Schiller oder einem anderen Schriftsteller oder Philosophen ist, selbst wenn einige von ihnen wesentliche Elemente des Regimes konzeptionalisiert haben. Präzisieren wir auch, dass es sich nicht über Regeln, sondern eher über eine*

Entregelung bestimmt. Zunächst über die Möglichkeit, dass alles Beliebige ein Sujet der Kunst werden kann, dann über die Außerkraftsetzung des Systems der schönen Künste, welches mehrere Dinge auf einmal definierte: Die Trennung zwischen den mechanischen und den freien Künsten, das Eigene jeder Kunst und die Formen der Korrespondenz zwischen den verschiedenen Künsten. Weil das Regime die Grenzen zwischen dem, was Kunst und dem, was mechanisch ist, zwischen dem, was poetisch und dem was prosaisch ist, verwischt hat, konnten die „mechanischen" Künste (Photographie, Kino, Video) einen Platz in der Kunst einnehmen. Man muss also die Idee anzweifeln, die den neuen Techniken eine Macht der Unterbrechung der Paradigmen der Kunst zuspricht. Wenn Sie das Video und seine abgeleiteten Formen nehmen, können Sie konstatieren, dass sein Dispositiv sich allen möglichen Identifikationen angepasst hat. In den 70er Jahren betrachteten die militanten amerikanischen Künstler das Video gern als eine simple Technik, die ihre Performances begleitete und verbreitete und damit dem gleichen Zweck diente wie diese selbst: der Demystifizierung der großen Kunst. In den 80er Jahren hat es Versuche von Künstlern wie Gary Hill, Woody und Steina Vasulka oder Thierry Kuntzel gegeben, das Video als Kunst zu definieren, dessen spezifische Mittel ihm eine spezifische experimentale Bestimmung verliehen. Dies könnte man ein „modernistisches" Zeitalter des Videos nennen. Aber die Dinge haben sich sehr schnell vermischt. In den gleichen Jahren nutzte Godard die technischen Mittel des Videos, um in seinen Histoires du cinéma ein imaginäres Museum des Kinos zusammenzustellen. Heute ist das Video ein Medium, dass sich zu den vielfältigsten Anwendungen eignet, von den „Kammerspielen“ von Künstlern wie Eija-Lisa Ahtila bis zu den Freskenzyklen à la Giotto von Bill Viola. Das Video hat so Teil an der Verwischung der Unterschiede zwischen den Künsten, die das ganze ästhetische Regime und keineswegs nur die kleine postmoderne Episode charakterisiert. Diese Verwischung schließt genauso die neuen Techniken ein. Der so genannte postmoderne Diskurs legt oft nur einen Firnis von ablehnendem Zynismus über die alte Jammerei, die die Kälte der Maschinen anklagt, die Wärme der Liebe, die Farbe der Blumen oder das Glitzern der Sterne abzutöten. Aber die Subjektivität verliert sich nicht in den Apparaten. Weder ist eine Seite Text auf einem Bildschirm weniger subjektiv als auf einem Blatt Papier, noch ist eine photographische Einstellung als digitale weniger subjektiv denn als analoge. In der Musik haben sich die Synthesizer und Computer genauso der seriellen Strenge oder der spektralen Musik angepasst wie auch allen anderen musikalischen Eklektizismen, die folgten. Die Digitalisierung unterdrückt in keiner Hinsicht die Subjektivität des Blicks und auch nicht jene des Affekts. Es ist allein im Namen eines oberflächlichen Diskurses über die zeitgenössische „Anästhesie“, den Triumph des „Spektakels“, der Medien usw., dass man die technischen

Apparaturen der sinnlichen Subjektivität gegenüberstellen kann. Mehrere zeitgenössische Filme, wie zum Beispiel Three Times von Wong Kar Wai oder Be with me von Eric Koo haben erst kürzlich gezeigt, dass man eine ganzes Drama auf die Oberfläche eines Laptops bringen kann; so zum Beispiel die Hand in Be with me, die beim Empfang eines „I love you" auf „Delete" drückt. Es ist in jedem Fall nicht mein Problem, Rahmen anzubieten, die alles umfassen könnten. Es geht darum, eine bestimmte Anzahl von kategorialen Aufteilungen wieder anzuzweifeln, deren explikativer Wert äußerst gering ist, die sich aber im Dienste eines bestimmten Zeitgeistes aufgedrängt haben. Die Deklaration der Postmoderne sagt im Groben: Was auch immer es sein mag, wir glauben nicht mehr an das revolutionäre Potential der Kunst. Damit ist man nicht wirklich dafür gerüstet, das Kino, das Video oder die Musik von heute zu analysieren, genauso wenig wie man es mit den modernistischen Kategorien war, um die Malerei von Manet, Kandinsky oder Malewitsch zu analysieren.

Was kann ein Bild, eine Skulptur, ein Roman oder ein Film heute für uns leisten? Was kann geschehen? Und was kann ein Bild für uns bedeuten, wenn es z.B. 30.000 Jahre alt ist?

Rancière: *Die Kompossibilität dieser beiden Emotionen zu denken bedeutet, die Macht der Unbestimmtheit zu denken, die im Herzen des ästhetischen Affekts wohnt. Die prähistorische Malerei ist eine Malerei, die wir auf verschiedene Weisen würdigen können: als das reine Auftauchen eines zeichnerischen Ereignisses, als den Ausdruck einer magischen Funktionalität, der einer erlebten Erfahrung entspricht, die uns unbekannt ist oder als die wagemutige Modifikation einer Steinlandschaft. Für uns ist sie Kunst, weil wir sie als etwas anderes denn als Kunst wahrnehmen können, weil nichts uns erlaubt zu wissen, ob es Kunst für den Maler war, ob die Idee des Künstlers selbst für ihn vorstellbar war. Der ästhetische Affekt – der spezifische Affekt des ästhetischen Regimes – ist mit diesem Bruch jeder geraden Linie zwischen Ursache und Wirkung verbunden. Er ist verbunden mit dem, was man die Unzweckmäßigkeit der Kunst nennen könnte. Was uns in der gegenwärtigen Kunst anspricht ist für mich immer noch von der gleichen Ordnung, der einer Überlappung verschiedener möglicher sinnlicher Status und ganz gewiss einer Überlappung von Kunst mit dem, was nicht Kunst ist. Und ich würde sagen, dass der politische Effekt der Kunst eben auch an diese Unbestimmtheit gebunden ist. Nehmen Sie zum Beispiel die Rolle, die momentan die Verwischung von Dokumentation und Fiktion spielt. Ein Filmemacher wie Pedro Costa filmt in prächtigen Farben die Weise, in der eine Gruppe von Immigranten und Marginalisierten in einem Elendsviertel im zerstörten Umland von Lissabon in Worte fasst, was ihnen geschieht. (No quarto da Vanda , Juventude em*

Marcha). Eine andere Filmemacherin, Chantal Akerman filmt die amerikanisch-mexikanische Grenze zugleich als materielle Realität und als Gegenstand des Diskurses (De l'autre côté), ohne uns jedoch jemals die Überquerung der Grenze oder das Leben der Immigranten in den USA zu zeigen. Eine Fotografin, Sophie Ristelhueber, fotografiert in Palästina uralte Landschaften des Orients, in denen kleine Steinhaufen auf den Straßen Unfälle der Natur zu sein scheinen, obwohl es Straßensperren sind, die von den Siedlern und der israelischen Armee errichtet wurden (West Bank). Alle drei stellen die singulären Kanten einer Landschaft des Sinnlichen allen Formen der Banalisierung, die durch das Regime der Information und der Erklärung sowie durch das Mitleid hervorgebracht werden, entgegen: sie nutzen den ästhetischen Affekt, um im Zusammenhang mit dem Sichtbaren und Sagbaren, die Grenzen des Tolerablen und des Intolerablen und auch die des Möglichen und des Unmöglichen neu zu ziehen.

Welche Bedeutung hat für Sie die Bemerkung von Marx aus dem Vorwort der *Grundrisse*, dass auch die griechische Kunst noch heute auf uns wirkt?

Rancière: *Ich denke nicht, dass man ihr zuviel Bedeutung zukommen lassen sollte. Marx stellt die Frage in Begriffen des Überlebens: warum besteht das Alte im Neuen fort, welches es aufheben sollte? Warum finden wir noch Gefallen an Werken, welche uns ein Produktionsverhältnis und eine Gesellschaft, mit der wir nichts mehr zu schaffen haben hinterlassen haben? Er war schon mehr inspiriert, als er von der Notwendigkeit sprach, sich der römischen Kleider zu bedienen, um die „bürgerliche" Revolution zu machen. Das Alte überlebt nicht im Neuen. Das Neue ist aus einer Wiederaufnahme gemacht, aus einer Transformation des Verhältnisses zum Alten. Für die Zeitgenossen von Racine sind die Werke der antiken Tragiker Modelle, man machte „Kopien" von ihnen, die an die Empfindlichkeit des Jahrhunderts angepasst waren, aber man hatte nicht die Idee, sie selbst aufzuführen. Mit Winckelmann und seinen Nachfolgern wird der Rückgriff auf ein „authentisches" Griechenland diesen Status zerbrechen, ein „lebendiges" Griechenland dem gezähmten Griechenland der Zeit von Louis XIV. gegenüberstellen. Aber dieses lebendige Griechenland ist selbst ein vervielfältigtes Griechenland: Griechenland der demokratischen Freiheit oder Griechenland des dionysischen Leidens. Und diese Vervielfältigung der Bedeutungen wird von einer Vervielfältigung der Zeiten begleitet: Die Kunst der antiken Freiheit ist zugleich ganz nah und auf immer und ewig verloren. Sie ist auf immer und ewig verloren, aber die Präsenz der Monumente dieser verlorenen Freiheit unter uns verspricht eine Zukunft, in der die Freiheit „aufs neue" in den sinnlichen Stoff der Erfahrung eingeschrieben sein wird, in der die Kunst und das Leben identisch sind. Diese Vervielfältigung der Antiken schlägt Löcher in die Verteilung der Formen sinnlicher Erfahrung. Sie ermöglicht vielfältige Aneignungen.*

Wie situieren Sie den Einsatz ihrer eigenen Schriften zwischen den Milieus Politik, Philosophie und Ästhetik? Wie bestimmt sich das Verhältnis von Beispielen und Theorie – etwa im Fall von Blanqui oder Agrippa?

Rancière: *Der prinzipielle Einsatz ist der Einwand gegen die Aufteilungen, die jene Frage der Philosophie, jene der Politik, der Soziologie, der Ästhetik vorbehalten. Die historischen Singularitäten sind niemals Disziplinen. Es sind immer Weisen, die Ordnung der Disziplinen, die Aufteilung der Territorien, die Systeme der Autorisierung und des Verbots zu brechen, die auf den Objekten des Denkens lasten. Auf diese Art wurde es mir möglich, eine Singularität wie die Arbeiteremanzipation zu denken, indem ich den immensen Abstand zurückgewiesen habe, der die Philosophie von der Sozialgeschichte trennen soll, und indem ich die platonischen Äußerungen über die Arbeitsteilung und die Aufteilung der Metalle und der Seelen direkt mit den Texten der Arbeiter, die uns „von der gleichen Sache" erzählen, konfrontiert habe: Platon erklärt uns, warum die Handwerker da bleiben müssen, wo sie sind – sich weder um die Politik, noch die Poesie oder das Denken zu kümmern haben – weil „die Arbeit nicht wartet". Diese empirische „Evidenz" ist klarerweise eine symbolische Aufteilung, in der die „Zeit" das Prinzip einer*

Exklusion ist. Die Arbeitertexte, über die ich gearbeitet habe, bestätigen diese „Duplizität" der Zeit als empirische Gegebenheit und als symbolische Exklusion. Sie erlauben, die Emanzipation als einen Bruch dieser Logik der Zeit viel tiefer zu denken als durch die berühmte Fabel von den Gewehrschüssen auf die Turmuhren. Um zu verstehen, was in der Emanzipation auf dem Spiel steht, musste die Aufteilung der Disziplinen aufgebrochen werden. Dieses epistemologische Erfordernis ist zugleich ein politisches Erfordernis. Das Denken wie etwas darzustellen, das die Trennungen zwischen philosophischer Argumentation, historischer Explikation oder literarischer Äußerung leugnet, bedeutet zugleich, es als Kraft zu definieren, an der jeder Beliebige teilhat.

Es gibt prinzipiell zwei Logiken: eine, die das Denken in vorbehaltene Kompetenzen, Spezialistendomänen, einteilt, und das Denken in Differenzen fragmentiert, die das Kleingeld einer prinzipiellen Ungleichheit sind; die andere Logik denkt es wie eine ungeteilte Kraft, die in all ihren Ausübungen sich selbst ähnlich ist und von jedem Beliebigen geteilt werden kann. Meine Vision der Philosophie ist, dass das Denken zunächst eine Kraft der Deklassifizierung, der Neuverteilung der Aufteilung von anerkannten Gebieten der Disziplinen und Kompetenzen ist. Die Philosophie sagt, dass das Denken allen zukommt. Sie sagt es selbst noch dort, wo sie die Teilung und die Exklusion ausspricht: Um die Korrespondenz zwischen einer Aufteilung der Seelen und einer

Aufteilung der Bedingungen anzuordnen, muss Platon auf den Modus des Diskurses zurückgreifen, der jede Hierarchie verwirft: die Erzählung.

Die Beständigkeit eines Begriffes ist untrennbar von der Konstruktion einer Bühne. Es ist dieses Denken, welches meine Anwendungen von „Beispielen" leitet, die keine sind. Meine Beispiele setzen die Aufteilung in Szene, das heißt die Immanenz der Teilung in der Gemeinschaft, die durch das Universelle der Definition verkündet ist und, umgekehrt, die gemeinsame Macht der Sprache und des Denkens in der Inszenierung der Differenz der Fähigkeiten. Nehmen wir das Beispiel der plebejischen Sezession auf dem Aventin und der Intervention von Menenius Agrippa so wie sie Das Unvernehmen ins Werk setzt. Zu Beginn ist es für mich notwendig, folgendes zu markieren: Die aristotelische Definition des politischen als des mit dem logos ausgestatteten Tieres ist tatsächlich die Eröffnung eines polemischen Raumes, in dem es sich darum handelt, herauszufinden, wer sich wirklich des menschlichen logos bedient und wer fähig ist, dies wahrzunehmen. Für die Patrizier sprechen die Plebejer nicht, weil sie Wesen ohne Namen sind. Aus ihren Mündern kommt nur Lärm. Die Plebejer müssen beweisen, dass sie sprechen und dass man also mit ihnen verhandeln muss. Bei Titus Livius erinnert Menenius Agrippa die Plebejer einfach daran, dass sie nur der passive Bauch des sozialen Körpers sind, dessen aktive Glieder die Patrizier sind. Aber in der Version, für die ich mich entschieden habe, jene des französischen Philosophen Ballanche, macht er sich für seine Kollegen zum Zeugen dafür, dass die vorgeblich „Stummen" tatsächlich sprechen. Ich habe seine Version gewählt, weil sie exakt zeitgenössisch mit der französischen Revolution von 1830 und der Emergenz der Arbeiteremanzipation ist. Sie erlaubt es also, wahrzunehmen, inwiefern eine Frage der begrifflichen „Definition" die Inszenierung einer Aufteilung des Sinnlichen ist, deren Einsatz -- wer übt oder übt nicht die gemeinsame Kraft der Sprache und des Denkens aus? –direkt in dem politischen Umbruch und in der Veränderung der Wahrnehmungen der Beherrschten impliziert ist. Auf ähnliche Weise habe ich vorgeschlagen, die Emergenz der Ästhetik über verschiedene exemplarische Szenen wie jene des direkten Gegenübers mit der Juno Ludovisi bei Schiller zu denken, weil die Szene zu ermessen erlaubt, was an der Position des Verhältnisses von der Ästhetik als Denken des Denkens und als Denken der Gemeinschaft auf dem Spiel steht.[7] *Die theoretische und narrative Konstruktion der Szene ist der Beweis der Aufteilung des Sinnlichen, die durch einen Begriff, eine Erklärung oder durch die Konstitution eines Gebietes von Objekten und eines Modus von Rationalität ins Spiel gebracht wird.*

---

[7] Vgl. Friedrich Schiller: *Über die ästhetische Erziehung des Menschen, in einer Reihe von Briefen*, 15. Brief, in: ders., *Sämtliche Werke*, Bd. V, hrsg. v. Wolfgang Riedel, München 2004, S. 614ff. (A.d.Ü.)

Ein weiterer zentraler Begriff ihrer Arbeit ist der der Subjektivierung. Wie ist eine Subjektivierung denkbar? Wenn sie über Unterbrechungen verläuft, was bedeutet in diesem Zusammenhang die Entkörperung, von der Sie auch sprechen? Inwiefern ist sie an sinnliche Erfahrung gebunden? Und anders gefragt: Gibt es eine spezifische Erfahrung in/über Kunst? Inwiefern unterscheiden Sie zwischen Subjekt und Subjektivierung? Was die Frage einschließen soll, ob jede Subjektivierung unweigerlich Gestalt annehmen muss oder aber auch in Permanenz denkbar ist.

Rancière: *Der Begriff der Subjektivierung definiert Operationen und er bestimmt ein Subjekt in dem alleinigen Zusammenhang zwischen diesen Operationen und dem, was sie hervorbringen. Eine politische Subjektivierung ist die Konstitution einer Gemeinschaft der Demonstration und Äußerung. Dieses kann sich unter einem Subjekt-Namen verkünden wie „wir, Bürger", „wir, Arbeiter" oder „wir, Frauen". Aber die so definierten politischen Subjekte existieren nur in dem Verhältnis von Pronomen und Nomen, in der Differenz zwischen beiden, in der Opposition, welche diese Differenz in Beziehung auf jede Form der Identität einer wirklichen Gruppe, die über die eine oder andere gemeinsame soziale Erscheinung definiert ist, einführt. An dieser Stelle steht die Politik dem gegenüber, was ich Polizei nenne: Die Polizei ist das Regime der Identität und des Kalküls von Identitäten, die symbolische Konstitution einer Gesellschaft als Ensemble definierter und identifizierbarer Gruppen.*

Insofern ist eine Subjektivierung immer eine Desidentifikation. Das „wir, Bürger" separiert sich von der Gemeinschaft der Bürger, welche einfach durch eine nationale Zugehörigkeit bestimmt ist; das „wir, Frauen" separiert sich von der Gemeinschaft der Frauen, welche in Begriffen der Verteilung von Identitäten und von sexuellen Funktionen definiert ist. Es muss immer ein Fremder zu den „Bürgern" hinzukommen können, ein männliches Individuum zu den „Frauen", ein Angehöriger höherer Klassen zu den „Arbeitern". Dann tritt auch die Entkörperung und der ihr eigene sinnliche Effekt auf. Die Konstitution des „wir, Arbeiter" zum Beispiel bedeutete, dass Arbeiter-Singularitäten sich von der gemeinschaftlichen Identität derer trennten, die einer Existenz der bezahlten Handarbeit unterworfen waren. Und diese Trennung ist über sinnliche Unterbrechungen eines bestimmten Körpers verlaufen, des Körpers, der an diese Abhängigkeitsbedingung angepasst war. In meinem Buch La Nuit des prolétaires habe ich diese spezifisch sinnlichen Transformationen eines Arbeiterkörpers an seinem Platz in der polizeilichen Verteilung der Funktionen und der sozialen Plätze in einen neuen Körper, der von diesem Platz abgetrennt ist, evident gemacht. Das vollzieht sich beispielsweise über eine Dissoziation zwischen dem Blick und der Hand: In einer ganzen Reihe von Texten eines Tischlers sehen wir, wie er einen Raum der Freiheit des Blickes innerhalb des durch die Arme aufgenötigten Arbeitsraumes konstituiert. Insgesamt bestätigt er die kantische Analyse des Schönen: man muss, um die Form eines Palais zu würdigen, die Frage nach dem Wissen davon, wie der Schweiß des Volkes dazu dient, die Privilegien der Reichen zu errichten, fallen lassen. Er fügt hinzu, im Gegensatz zu allem, was die kritische Tradition der Soziologie behaupten wird, dass es die Möglichkeit dieses „interesselosen" Blickes ist, die den Arbeiter emanzipiert. Es ist die Dissoziation eines Arbeiterkörpers, die die Konstitution einer „Arbeiterstimme" erlaubt. Diese Stimme wird über die Ablehnung, „wie Arbeiter zu sprechen" oder der „volkstümlichen Kultur" gewonnen. Eine Form der Subjektivierung konstituiert sich über eine Vielheit von sinnlichen Mikro-Ereignissen, die die Angleichung eines sinnlichen Körpers an einen symbolischen Körper unterbrechen.

Aus einem bestimmten Körper gilt es, die Möglichkeit anderer Körper abzuleiten, die in seinem Vermögen liegen: das ist das Herz der ästhetischen Dimension der Politik und es ist das, was die politische Emanzipation auf stärkste Weise an die Erprobungen neuer Kräfte des eigentlich Sinnlichen im ästhetischen Regime der Kunst gebunden hat.

Es ist klar, dass es keine Permanenz der Subjektivierungsformen als solchen gibt. Das soll nicht heißen, dass die Politik nur aus singulären Emergenzen ohne Verbindungen zwischen diesen gemacht wäre. Die Formen der Subjektivierung produzieren Änderungen *des gemeinsamen Stoffs: Formen der Organisation, neue Räume zur Bekundungen von Dissens, neue Äußerungsmöglichkeiten. Sie bestimmen neue Kombinationen von Zeitlichkeiten. Die Parteien und die politischen Organisationen haben Teil an dieser Landschaft in Transformation, aber eben als Möglichkeiten neuer Formen von Subjektivierung in einer veränderten gemeinsamen Welt, nicht als permanente Subjekte. Was bleibt, aber sich permanent bewegt, sind Räume möglicher Subjektivierung, wo sich neue Formen des Subjektiven herausarbeiten. Das ist der Raum einer Mikropolitik, die weder ein Komplement zu noch ein Substitut für die Politik von Gemeinschaften ist, aber das Milieu ihrer Formation.*

Kommen wir zur Möglichkeit, Geschichte überhaupt zu schreiben. Kann man die Geschichte eines Regimes schreiben bzw. was sind die Bedingungen? Was ist für Sie Geschichte? Ist eine Geschichte der Unterbrechungen, Subjektivierungen, des Streits möglich?

Rancière: *Eine Geschichte ist zunächst immer das Ins-Werk-Setzen eines bestimmten Regimes von Historizität, das heißt eine bestimmte Idee dessen, was Geschichte macht, das heißt auch desjenigen, der Geschichte macht. In den ethischen Regimen und den Regimen der Repräsentation koinzidieren die „Geschichten", die die Geschichten derjenigen sind, deren Handlungen Geschichte machen und Beispiele* zur Imitation anbieten. Es ist das Modell der parallelen Leben von Plutarch, das Vasari und seine Nachahmer wieder aufgenommen haben, um den Malern und Bildhauern ihre Würde zu geben und sie vor dem Leben ohne Geschichte der Handwerker zu bewahren. Das ästhetische Regime emergiert mit einem anderen Begriff von Geschichte: Die Geschichte als Form des gemeinschaftlichen Lebens, als Modus der Koexistenz, der die illustren und unscheinbaren Dinge, die Objekte des alltäglichen Lebens und die Monumente des öffentlichen Lebens verbindet. Die Geschichte, so wie ihr Begriff vom Ende des 18. Jahrhunderts an errichtet worden ist, ist ein neuer Modus der Historizität. Sie ist die Kategorie des gemeinschaftlichen Lebens, die die Differenz zwischen jenen, die Geschichte machen und jenen, die es nicht tun, abschafft. Nun ist es zunächst über den Umweg der Kunst und der Literatur, dass dieser neue Begriff der Geschichte als gemeinschaftlicher Prozess errichtet wird: er zirkuliert zwischen den Kunsthistorikern wie Winckelmann, den Philosophen wie Hegel, den Romanciers wie Walter Scott und Victor Hugo, bevor er eine neue Idee der Politik bestimmt und bevor er schließlich bei den Historikern landet. Aber zu sagen, dass die Geschichte eine Kategorie und ein Horizont des gemeinschaftlichen Lebens ist, bedeutet, dass sie in sich selbst keinen Inhalt hat. Die Geschichte existiert nicht als ein an der zeitlichen Entwicklung orientierter Ablauf, sie existiert quer über die singulären Formen von Historizität: singuläre Weisen, von denen die Aufteilungen des Sichtbaren und des Sagbaren, die Verteilungen der Modi sinnlicher Erfahrung, die Beziehungen zwischen dem Leben und seinen Formen der Symbolisierung verschoben werden. Es kann für mich nur eine Geschichte der Singularitäten geben. Nun ist eine Singularität nur eine Form der Enteignung, der Entidentifizierung. Dies kann eine bestimmte Form der Subjektivierung sein. Zum Beispiel habe ich in *La Nuit des prolétaires* den Modus der Subjektivierung untersucht, der im 19. Jahrhundert den Knoten der Emanzipation der Arbeiter konstituiert hat: was dort geschieht, ist genau genommen eine Veränderung des Universums der Wahrnehmung: Arbeiter schaffen sich einen anderen Körper als den, der sie einem bestimmten Platz zuschreibt, nämlich dem der Produktion und Reproduktion ohne Geschichte. Sie schaffen sich einen Blick interesseloser Ästheten, sie eignen sich die Sprache der Poeten an, die Modi der Argumentation derjenigen, die am öffentlichen Leben teilnehmen usw. Eine Singularität, das kann eine Mutation des Blickes sein: wenn Hegel die Genrebilder der Betteljungen von Murillo bis Munch betrachtet, sieht er in ihnen das Äquivalent zu den „edlen" Götterstatuen und zu den Statuen griechischer Helden, die Winckelmann rühmte. Wenn die Brüder Goncourt ein Bild von Chardin beschreiben, transformieren sie die dargestellten Teller, Tischtücher oder Früchte in Ereignisse des malerischen Stoffes. Wenn Zola *Das Paradies der Damen* oder *Der Bauch von Paris* schreibt, trägt er dazu bei, eine *neue Schönheit zu erfinden: jene der Warenauslagen. Wenn die Zeitgenossen von Chaplin seine Kunst beschreiben, fixieren sie das Kino im Status des Instruments, das einen alten Traum oder ein altes Paradox realisiert: die Kunst des Gefühlsautomaten. Es kann ein Name, ein Begriff sein, der das Objekt übersteigt, das bezeichnet werden soll: Das ästhetische Regime der Kunst ist auch die Geschichte dieser Namen, die sich „enteignen": Die Malerei ist nicht nur eine Kunst im Sinne eines geteilten praktischen Wissens davon wie Werke, die man Bilder nennt, hergestellt werden, es ist die Idee der Kraft des Sichtbaren und der Mutationen seines Bezugs zur Ordnung der Bedeutungen. Das Kino oder die Photographie sind Ideen des Lichts und der Bewegung als Erzeuger eines neuen sinnlichen Milieus; der Tanz ist eine Idee des Verhältnisses der Leistungen der Kunst zu den Einstellungen der Gemeinschaft usw. Ich arbeite momentan an einer Geschichte des ästhetischen Regimes der Kunst, die genau das wäre: nicht eine Geschichte der Kunst oder der Künste, sondern eine Geschichte der ästhetischen Singularitäten; wie die Beschreibung einer Statue oder eines Bildes, die Erzählung eines Stücks oder einer Tanzvorstellung, das Urteil über eine kinematographische Vorstellung die Mutationen der Bezüge des Sichtbaren und der Rede oder der Erzählung, des Entwurfes und des Stils, des Saales und der Bühne, des Ortes der Kunst und ihres Nicht-Ortes bestimmen.*

Hinsichtlich Ihrer Analyse des *ästhetischen Regimes der Kunst* haben Sie sich methodologisch auf Kant bezogen, auch eine Auseinandersetzung mit Foucault durchzieht ihre Schriften. „Wenn man nach einer Analogie sucht, kann man diese Ästhetik im Sinne Kants als System der Formen *a priori* auffassen – vielleicht sogar wie sie von Foucault wieder aufgenommen wurde", so schreiben Sie. Inwieweit ließe sich sagen dass die *Aufteilung* ein historisches Apriori darstellt?[8] Und würden Sie sagen, dass ihr Abstand zu Foucault insofern ein kritischer ist, als dass Sie Kunst im weitesten Sinne die Möglichkeit zugestehen, an den Grenzen dieses Aprioris zu intervenieren?

Rancière: *Ohne Zweifel verdankt der Begriff der Aufteilung des Sinnlichen und die Klassifikation der Regimes der Identifikation von Künsten viel den Foucaultschen Begriffen der Episteme und des historischen Apriori. Es handelt sich für mich wie für ihn darum, die Bedingungen der Möglichkeit einer Erfahrung zu bestimmen, die Formen der Verbindung zwischen den Wörtern und den Dingen sind, zwischen den Formen der Äußerungen und den Modi der sinnlichen Präsentation von „Objekten", auf die diese Äußerungen sich beziehen. Meine Weise, die historische Emergenz der Kunst als vereinigende Kategorie in ihrer Differenz mit der Verteilung der Künste zu denken, ist seiner Weise*

---

[8] Jacques Rancière, Die Aufteilung des Sinnlichen, a.a.O., S. 26.

ähnlich, die Emergenz des Lebens in Bezug auf die tableaux der Naturgeschichte zu denken. Meine Perspektive unterscheidet sich dennoch darin von seiner, dass ich eher empfänglich dafür bin, was ein Regime der Wahrnehmung und des Denkens erlaubt, als dafür, was es verbietet, eher dafür, was es zusammenbringt und in Zirkulation versetzt als dafür, was es ausschließt. Die fundamentale Intuition, die die Konzeptionalisierung Foucaults trägt, ist jene der Macht, die klassifiziert, befiehlt, verbietet, ausschließt und die, selbst da, wo sie erlaubt, es unter der Form des Zwangs macht (siehe der Wille zum Wissen, wo der Anspruch der freien Rede in eine durch die Macht produzierte Verpflichtung zu sprechen umgedreht wird); es ist die Intuition des Ausschlusses, des durch das Außen strukturierten Innen, der Vernunft, die über die Einsperrung des Wahnsinns konstruiert ist. Deswegen ist die Episteme bei ihm eine Struktur, die Möglichkeiten der Äußerung annulliert: eine neue Episteme bedeutet, dass es Dinge gibt, die man nicht mehr sagen, die man nicht mehr denken kann. Meine fundamentale Intuition ist die der Gleichheit, das heißt der Streuung und der Vervielfältigung der Fähigkeiten und der Möglichkeiten. Ein neues Regime der Wahrnehmung und des Denkens, das ist für mich zunächst eine neue Form der Inklusion, ein Regime der Komplikation. Ein Regime annulliert nichts von dem eines anderen. Die Logik der Repräsentation konserviert sich im Herzen des ästhetischen Regimes: in dem Moment, in dem sie in den alten Künsten wie der des Schreibens oder der der Malerei schlecht gemacht wird, greift sie auf die neuen Künste wie etwa das Kino zu. Und die ethische Logik der Identifikation zwischen den Leistungen der Künste und den Formen gemeinschaftlichen Lebens hört nicht auf, in ihm zu arbeiten und sich wie seine letzte Finalität zu präsentieren: die Kunst, die ihre Partikularität überschreitet, um eine gemeinsam gelebte Welt zu werden. Kurz, die Bedingungen der Möglichkeit eines Regimes sind keine Apriori einer Epoche. Was man künstlerische Modernität nennt ist denkbar ausgehend von neuen Formen der Sichtbarkeit und der Intelligibilität, die dem ästhetischen Regime eigen sind. Aber diese Formen definieren selbst keinen besonderen Inhalt: die Möglichkeit eines abstrakten Gemäldes schreibt sich in die Kontinuität eines Jahrhunderts der Arbeit an einem neuen Knoten zwischen dem Sichtbaren und den Worten ein, der die Sichtbarkeit der bildlichen Darstellung geändert hat: das ist die Modifikation des Blickes auf Rembrandt, Rubens, Tizian oder Chardin, die die Sichtbarkeit des Bildes als abstrakte Komposition von Bewegungen und Farben schafft. Die Kunst greift nicht an den Grenzen der historischen Apriori ein: Sie trägt zur Verschachtelung der Zeitlichkeiten bei, die jede Geschichte konstituiert. Eine Form der Aufteilung des Sinnlichen oder ein Regime der Kunst ist niemals mit einer Epoche zu identifizieren.

Walter Benjamin war überzeugt, dass die Geschichte ein gefährlicher Platz, vollgefüllt mit unerfüllten Möglichkeiten sei. In der 14. These zum Begriff der Geschichte, spricht Benjamin von der Geschichte als einem „Gegenstand einer Konstruktion", welche die Vergangenheit aktualisieren kann. Die Mode, schreibt Benjamin „hat eine Witterung für das Aktuelle, wo immer es sich im Dickicht des Einst bewegt".[9] Die Geschichte zitiert die Vergangenheit wie die Mode ein Kleid aus einer vergangenen Zeit. Wie verhält sich ihr Projekt zur Philosophie der Geschichte bei Walter Benjamin?

Rancière: *Ich teile sicherlich mit Benjamin die Kritik der linearen Konzeption von Zeit. Nur speist sich diese Kritik bei ihm aus anderen Quellen: Es gibt eine Wahrnehmung der politischen und revolutionären Aktion als Aufruhr mehrerer Zeiten. Benjamin hat die Marxsche Ironie über die französischen Revolutionäre, die die bürgerliche Revolution in römischen Gewändern machten, positiv interpretiert. Ich habe meinerseits die evolutionistische Seite, die den Proletarier als den Arbeiter, der von der großen Industrie geformt wurde, bekämpft und habe dem Wort „Proletarier" seinen unzeitgemäßen Auftrag zurückerstattet: Proletarier ist ein altes römisches Wort, seit der Antike als veraltet gekennzeichnet,*

---

[9] Walter Benjamin, *Über den Begriff der Geschichte*, in: ders.: *Gesammelte Schriften*, Bd. I.2, hrsg. von Rolf Tiedemann und Herrmann Schweppenhäuser, Frankfurt am Main 1991, S. 701 (A.d.Ü.).

dem die modernen kämpfenden Arbeiter eine polemische Kraft verliehen haben. Der Proletarier ist in der polizeilichen Ordnung derjenige, „der Nachkommen zeugt", der bloß Lebende, der aus der symbolischen Ordnung ausgeschlossen ist. Als politischer Name bezeichnet er denjenigen, der kämpfen muss, um in ihr seinen Platz zu behaupten. Benjamin überträgt diese Duplikation der Zeit, die eine der großen Erfindungen der Literatur ist, auch ins Politische: der Schock der „Jetztzeit" im homogenen Lauf der Geschichte, ist etwas, was Benjamin bei Proust wie auch bei dem surrealistischen Gang durch die Stadt bei dem ihre Vergangenheit, ein Träger von Versprechen, die noch immer auf ihre Realisierung warten – ihr Unbewusstes – erweckt wird, aufgegriffen hat. „Versuche das Rätsel des Glücks, das ich dir aufgebe, zu lösen", das sagt die aus der Vergangenheit aufgetauchte Empfindung dem Erzähler bei Proust, und es ist genau die Formel, welche Benjamin auf die gemeinschaftliche Vergangenheit appliziert.[10] Ich kann diese Vision der Geschichte als Gegenwart mehrerer Zeiten in einer einzigen nur teilen, gegen die Linearität der Geschichte des Fortschritts oder die Vision der Mentalitätshistoriker, die eine Zeitsequenz als homogene Totalität bestimmen. Keine Zukunft ohne Anwesenheit der Vergangenheit als Leiden und Versprechen in der Gegenwart, getragen von den Dingen, eingeschrieben in die Mauern, bedeutet

[10] Marcel Proust, *Auf der Suche nach der verlorenen Zeit*, Bd. 10: *Die wiedergefundene Zeit*, Frankfurt am Main 1997, S. 3936. (A.d.Ü)

von den Bildern der Körper. Ich kann auf der anderen Seite nicht der dritten Komponente seines Denkens der Zeit zustimmen, die diese Gegenwart mehrerer Zeiten in einer einzigen in den Kategorien der Erlösung und der messianischen Anwesenheit interpretiert. Hier würde ich immer noch die Arbeit der Entstellungen und der Verschachtelungen von Zeitlichkeit dem Schock des Anderen gegenüberstellen. Dem Denken des Ausnahmezustandes und der Rettung, die nur am äußersten Ende der Verzweifelung auftauchen kann, stelle ich die Kraft der Hoffnung und der Tat gegenüber, die sich aus der Wahrnehmung der Abwesenheit jeder historischen Notwendigkeit, aus der Anerkennung der Kontingenz jeder Herrschaft und aus noch unbekannten Möglichkeiten der von allen geteilten Intelligenz ergibt.

Wäre es möglich, im Anschluss an die Frage nach der Entkörperung, ihr Denken als Immanenzdenken zu beschreiben? Um den Titel eines Ihrer Texte über Deleuze aufzunehmen, gibt es eine Rancièresche Ästhetik?

Rancière: *Man kann sicherlich mein Denken als Denken der Immanenz betrachten. Auf die Aufteilung des Sinnlichen bezogen, bedeutet das, eine gemeinsame Landschaft zu bestimmen, die ein bestimmter Knoten des Sinns als sinnliche Präsentation und des Sinnes als Modus der Intelligibilität ist. Es heißt auch, ein Milieu zu definieren, dass aus Entstellungen, Inkor-*

porationen und Desinkorporationen, aus Identifikationen und Desindentifikationen, aus Linien von Zeitlichkeiten, die sich ineinander verschlingen, sich verdecken oder sich trennen, besteht. Das steht für mich allen Transzendenzen der Substitution entgegen, die die gegenwärtige Philosophie bevölkern: der Schock des Ereignisses, messianische Erscheinungen, das Gesicht des Anderen, die Gegenwart von Gespenstern usw. In diesem Sinne kann ich mich dem Denken von Deleuze nahe fühlen, nah insofern, als die deleuzianische Immanenz selbst ein Prinzip der ontologischen Differenz ist, eine Transzendenz, die Sie die Seite der Wahrheit des Seins passieren lässt.. Ich denke an das, was Deleuze über die Begegnung mit der „ersten Natur", von der man mit „geröteten Augen" zurückkehrt (Kritik und Klinik) oder über die Arbeit der Kunst sagt, die Ihnen den Kopf zerspaltet um eine Sahara einzufügen (Logik der Sensation). Was er Sahara nennt, ist genau genommen ein Regime der Wahrheit des Sinnlichen, eine Kraft des Lebens, die sich dem organischen und instrumentellen Bereich der Körper gegenüberstellt. Für mich gibt es keine Sahara, es gibt Prozesse der Indifferenzierung. Es gibt keine Metamorphose, es gibt Entstellungen. Für Deleuze ist die Kunst ein ontologischer Operator, er lässt die Körperzustände von der Seite der nicht organischen Wahrheit des Lebens kommen: in dem Satz von Kafka gibt es wirklich einen menschlichen Organismus, der sich in eine Käfer verwandelt. In einem Film von Hitchcock, der uns eine

Person mit einem Gipsbein zeigt (F e n s t e r z u m H o f), gibt es wirklich eine ontologische Blockade der „senso-motorischen Logik". A u f d e r S u c h e n a c h d e r v e r-l o r e n e n Z e i t ist das Spinnennetz eines Schizophrenen, das zwischen einer Paranoia und einer Erotomanie gesponnen ist. Für mich definieren das gebrochene Bein oder der Taumel von James Steward (V e r t i g o) keine ontologische Konversion. Sie sind zugleich ein Element in der Logik der „senso-motorischen" Verkettung der Erzählung und der Entdeckung seines verborgenen Geheimnisses und eine Weise, die Spannung zwischen beiden Logiken – von Verkettung und Unterbrechung – in Bewegung zu setzen, die der Strom der kinematographischen Bilder anbietet. Das Buch von Proust ist kein Nervensystem oder das Netz eines räuberischen Insekts: es ist das Produkt einer widersprüchlichen Operation, einer Spannung zwischen zwei „Wahrheiten": Einer Wahrheit, die sich durch die Beseitigung von Fehlern offenbart, über die Irrungen eines Weges der Suche, und einer Wahrheit, die sich selbst errichtet, wie der Schock des Ungewollten.

Kurz gesagt, für Deleuze wie für mich ist die „Ästhetik" das Denken der Kunst als Konstruktion eines Ausnahmesensoriums. Für Deleuze aber ist dieses Sensorium eine ontologische Differenz. Für mich ist es nur eine poetische oder pragmatische Differenz. Proust, Hitchcock oder Kafka konstruieren in gewisser Weise die Ontologie, die ihre künstlerischen Vorschläge trägt. Aber diese Ontologie ist nur eine Fiktion: die punktuelle

Konstruktion eines Sensoriums, das sich als losgelöstes Fragment einer spezifisch sinnlichen Welt gibt, die in der Realität nur in der offenen und unabschließbaren Sammlung dieser Erfindungen existiert. Für Deleuze gibt es eine wirkliche Heterogenese. Für mich gibt es eine singuläre Konjunktion heterogener sinnlicher Regimes. Der Proustsche Erzähler lebt in zwei heterogenen sinnlichen Welten: in einer, in der die sinnliche Impression der Schock des Wahren ist und in einer, in der sie ein Indiz innerhalb einer Untersuchung über die Zuverlässigkeit der Zeichen ist. Ich beschreibe vermittels von Operationen der Verbindung – zwischen den Worten und den Dingen, dem Sichtbaren und der Erzählung, der Bestimmtheit und der Unbestimmtheit, der Kunst und der Nicht-Kunst usw. – die ästhetischen Prozesse, die Deleuze in Begriffen des Werdens und der Metamorphosen beschreibt.

Wie würden Sie den Einfluss von Deleuze auf Ihr Denken beschreiben?

Rancière: *Mein Bezug zu Deleuze lässt sich nicht mit dem Begriff ‚Einfluss' beschreiben. Deleuze hat tatsächlich keine Rolle bei der Konstitution meiner Interessen, meiner Arten zu fühlen und meiner Art, Objekte der Reflexion zu problematisieren gespielt. Sehr lange habe ich ihn sehr wenig gelesen und überhaupt nicht verstanden: Einen Autor zu verstehen bedeutet für mich, imstande zu sein, etwas mit dem zu machen, was er* sagt, es mir anzueignen und es neu zu erfinden. Was man sich anzueignen hat, sind nicht die Begriffe. Gleich, was Deleuze und Foucault darüber sagen, die Begriffe sind keine Werkzeuge. Von einem Werkzeug nimmt man an, dass es gleichermaßen jedem Beliebigen nützen kann und die Werkzeuge der Philosophen dienen tatsächlich nur ihnen selbst: die perfekte Leere so vieler Schriften, die die „Werkzeuge“ „nutzen“, die Deleuze, Foucault, Althusser oder Derrida überlassen haben, belehrt uns darüber jeden Tag. Begriffe sind eher Arten und Weisen, ein Gebiet zu vermessen, Linien zwischen diesem und jenem Punkt zu ziehen, ein Territorium zu zeichnen. Sie materialisieren also zunächst die Weisen selbst, auf ein Terrain zu „gehen“, die Arten, die Arbeit der Worte an den Worten mit dem Entwurf dieses „Außen“, dessen, was anders als sie selbst ist und was die Worte selbst aufrufen, zu verbinden. Die Art von Foucault, der in das Zentrum einer bestimmten Aufteilung der sinnlichen Erfahrung über den Schnitt der Bibliothek und des Archivs eindringt, der die Ausstattungen, den Lärm und die Wunden der sozialen Welt mit Hilfe dessen, was die vergilbten Papiere als sinnlichen Reiz und als operative Macht der beschreibenden, klassifizierenden und ordnenden Worte wahrnehmbar werden lassen, wiedervereinigt, ist eine Weise Begriffe herzustellen, die ich mir aneignen kann. Sie korrespondiert mit meiner eigenen Sensibilität, die den Schnitt, die Distanz, die Aufmerksamkeit für die Konfiguration einer begrifflichen und gelebten Landschaft bevorzugt, das

Gefühl dessen, was die Worte ohne Tiefe mit den so genannten konkreten Dingen machen. Demgegenüber definiert die Vorgehensweise von Deleuze, seine Weise, eine Koaleszenz zwischen den Kernbegriffen der Metaphysik und den Monstren, die die Träume bevölkern, herzustellen, zwischen den Mythen und den Monstren, seine Weise, uns in die Kraft des Lebens mitzunehmen, ein metaphysisches Imaginäres, das ich nicht betreten kann. Schließlich bin ich zu Deleuze über den Zwang der anderen gekommen: Derer, die nach dem Tod von Deleuze Nicht-Deleuzianer wie Deleuzianer gebeten haben, an der Ausarbeitung seines Denkens teilzunehmen – das bedeutet aus meiner Sicht an dessen Öffnung; und über den Zwang der Studenten, die mich baten, Dissertationen über einen Autor zu „betreuen“, den sie mehr als ich gelesen hatten. Von da an sah ich mich gezwungen, in einen Dialog mit dem deleuzianischen Denken zu treten. Ich würde diesen Dialog so resümieren: Deleuze gehört für mich in die Reihe der Philosophen, die die Philosophie erweitern wollten, um in ihr dem eine konstruktive Rolle zu geben, was man ihre Objekte nennt, um in sie ihr eigenes Außen einzulassen und es in ihrem Zentrum zu platzieren. Er definiert also einen wesentlichen Bezugspunkt für meinen eher entgegengesetzten Versuch, die Philosophie aus sich selbst zu entlassen, ihre Vorgehensweisen, Vorschläge, Argumente und Beschreibungen in die Topographie eines erweiterten Territoriums der Erfindungen des Denkens einzubeziehen, wo sie den

Sätzen der Schriftsteller, den Montagen der Filmemacher, aber ebenso den Erfindungen der Sprache und des Denkens begegnen, durch welche diejenigen, die nicht zu den Denkern gezählt werden, sich an dieser Übung des Denkens versuchen. Am Punkt des Zusammentreffens dieser beiden Bemühungen – deren Ausmaß sicherlich nicht vergleichbar ist – gibt es bestimmte herausragende Bereiche und Operationen: Vor allem die Operation der Entstellung, der Defiguration und der Indifferenzierung, die den Bereich der Kunst und der ästhetischen Erfahrung im ästhetischen Regime der Kunst ausmachen. Wie ich weiter oben gesagt habe, versuche ich diese Operationen in Begriffen der Erfindung, der Schöpfung von Modi der Sichtbarkeit, der Konstitution neuer Weisen affiziert zu werden usw. zu beschreiben, während Deleuze diese Operationen zwischen dem Bereich der Ethologie und dem der Metaphysik pendeln lässt. Die doppelte narrative Logik bei Proust zu beschreiben, die „durchkreuzte Erzählung" der Filme Hitchcocks oder die Operationen der Transformation der Sichtbarkeit der Genremalerei im 19. Jahrhundert, heißt für mich, meine Analysen dieser Operationen mit denen des Werdens und der Metamorphosen bei Deleuze zu konfrontieren. Deleuze ist insofern ein wesentlicher Bezugspunkt für mich, nicht weil er mich mit nützlichen Werkzeugen ausstattete, sondern weil er mir zu verstehen erlaubt, was ich mit den gleichen „Objekten" wie er mache, welche Welt ich für sie konstruiere: nicht die der Äußerung der überschüssigen

Kraft des Lebens, sondern jene einer Bestätigung der Gleichheit der Verstandesfähigkeiten.

Wie stehen Sie zu der bei Deleuze auffindbaren Einteilung zwischen Wissenschaft, Philosophie und Kunst? Wir denken dabei an die spezifischen Möglichkeiten die Deleuze der Kunst als Hervorbringung von Perzepten, oder der Philosophie als Erfinderin von Begriffen zugewiesen hat. Wie unterscheidet sich die bei Ihnen gedachte Verwobenheit von Politik und Ästhetik von dieser Konzeption?

Rancière: *Was die Antwort schwierig macht ist, dass ich nicht glaube, dass Deleuze, in der Praxis seiner Argumentation und seines Schreibens, die Unterscheidungen beobachtet, die er benennt. Die „Plateaux“, die die Tausend Plateaus zusammensetzen, sind ebenso sehr ästhetische Kreationen, Kompositionen von Szenen und sinnlichen Landschaften, wie sie begriffliche Schöpfungen sind. Und korrelativ dazu sind viele künstlerische Perzepte, die er evoziert, tatsächlich nur Äußerungen. Ich denke zum Beispiel an das insektenhafte Gepiepse von Gregor Samsa in Die Verwandlung. Kafka erzählt das, Deleuze tut so, als ob wir es hören, als ob alles, was durch die Rede eines Schriftstellers benannt wird – dieses Gepiepse, die unüberwindbare Mauer des weißen Wals in Moby Dick oder die tiefe Stimme der Heldin von Pierre oder die Doppeldeutigkeiten, eine von uns wahr-*

genommene sensorisch Realität wäre. Und wenn er Filme analysiert, schließt er die Kommentare ein, die sie als Beschreibung ihres Typs von Bildern selbst hervorgerufen haben. Die gemeinsame Natur der wissenschaftlichen Funktionen, der philosophischen Begriffe und der künstlerischen Perzepte oder Affekte, das heißt ihre gemeinsame Eigenschaft, Kräfte zu sein, die dem Chaos entliehen wurden, um über eben jenes Chaos Netze zu werfen, tendiert beständig dazu, ihre Differenzen auszulöschen. Das charakterisiert auch seine Furcht vor der Beziehung von Ästhetik und Politik. Die „Schwingungen" oder „Umklammerungen", die die Werke der Kunst konstituieren, sind für Deleuze direkt Formen der Äußerung des „stets wiederkehrende(n) Leiden(s) der Menschen, ihr(es) immer wieder aufflammende(n) Protest(es), ihr(es) immer wieder aufgenommene(n) Kampf(es)".[11] Bei ihm gibt es keine isolierbare politische Szene, allgemein keine isolierbaren Szenen der Subjektivierung. Das „Volk", welches „noch fehlt", wird immer fehlen. Es wird niemals möglich sein, es aus Populationen von Perzepten und Affekten zu extrahieren, die Leiden, Protest und Kampf als eine große Musik des gemeinschaftlichen Seins bestimmen. Kunst und Politik werden ununterschieden in einer großen Ethologie zusammengefasst: Geschichten von Stämmen, Meuten, nomadischen Deplatzierungen, Umklammerungen, Territorialisierungen und Deterritorialisierun-

---

[11] Gilles Deleuze / Félix Guattari: *Was ist Philosophie?*, Frankfurt am Main 2000, S. 209. (A.d.Ü.)

gen usw. In meiner Konzeption vermischen sich Ästhetik und Politik definitiv miteinander: Es gibt eine Ästhetik der Politik, weil die Politik zunächst das betrifft, was man sieht, was man darüber sagt und was man damit machen kann. Es gibt eine Politik der Ästhetik, weil die Ästhetik Formen der Gemeinschaft erschafft, die Ordnung der Wahrnehmung unterbricht und die sinnlichen Hierarchien erschüttert. Aber die Ästhetik der Politik und die Politik der Ästhetik gründen sich eben nicht in einer einzigen Realität: So hat die Kunst des ästhetischen Regimes ihre eigene Demokratie, aber diese tendiert dazu, eine Gleichheit der sinnlichen Mikroereignisse in einem Maß zu bewirken, welches nicht das der Konstitution gemeinschaftlicher Subjekte der Politik ist,. Zwischen der Demokratie der prähumanen, unpersönlichen Individuationen und den großen Unternehmen der neuen sinnlichen Gemeinschaften, sind die „Populationen", die die Kunst versammelt, im Verhältnis zu jenen, die sich in den politischen Gemeinschaften äußern, immer mangelhaft oder exzessiv. Die deleuzianischen Schwingungen und Umklammerungen tendieren dazu, diesen Exzess und diesen Mangel zu annullieren, indem die Politik von der Kunst und die Kunst von der Ethologie absorbiert wird. Ich versuche für meinen Teil, die Spannungen zu denken, die ohne Unterlass das eine dem anderen näher bringen, es manchmal vermischen und oft voneinander trennen.

Eine Frage nach einem Ihrer Lehrer, mit dem Sie zusammen ein Buch geschrieben haben und von dem Sie sich später distanziert haben. In ihrer Auseinandersetzung mit Althusser kritisieren sie vor allem dessen Beziehung zur Masse. Würden Sie zustimmen, dass diese beim späten Althusser vor allem über Spinoza eine Wendung erfährt? Kurz: Was bedeutet für sie das Erbe Althussers?

Rancière: *Das Erbe Althussers kann für mich nur das eines klassischen Althusserianismus sein: der Wille, den Marxismus wiederzubegründen, indem er zugleich von der ökonomistischen und evolutionistischen Tradition der kommunistischen Parteien, als auch von der dieser korrespondierenden humanistischen und existenzialistischen Tradition, abgelöst wird, und indem er im Lichte dessen, was die so genannten strukturalistischen Denker hinzufügten, reinterpretiert wird: neue Arten, die Formen des gemeinschaftlichen Lebens, die Beziehungen zwischen objektiven Notwendigkeiten und singulären Emergenzen oder die Brüche zwischen Zeitlichkeiten zu denken. Nebenbei gesagt ist das Erbe Althussers für mich auch die Erfindung überhaupt dieses Begriffs von Strukturalismus, der sehr heterogene Theorien im Namen des gemeinsamen Abstandes zu diesen zwei Traditionen zusammengeführt hat. Aber diese Erfindung stand unter dem Zeichen einer neuen Form des Szientismus, der tatsächlich die politische Aktion der Unterbrechung als ideologisch disqualifi-*

zierte, an welche er andererseits appellierte um die evolutionistische These zurückzuweisen. Althussers Erbe ist für mich dieser instabile theoretisch-politische Kompromiss, der eine Generation in einer widersprüchlichen Art gekennzeichnet hat, indem er zugleich das Denken eines radikalen Bruchs wie auch das Denken seines unendlichen Aufschubs hervorgebracht hat. Dass Althusser sich in der Folge weiterentwickelte, dass er mehr oder weniger dem von Negri geschmiedeten Deleuzo-Marxismus zugehörte, über die Brücke zwischen einem erweiterten marxistischen Begriff der Entwicklung der Produktivkräfte und dem deleuzianischen Vitalismus, das betrifft seine individuelle intellektuelle Geschichte, nicht die historische Wirkung und das Erbe seines Denkens.

Am Ende von *Das Unvernehmen* diagnostizieren Sie, dass Politik seltener wird. Wie unterscheidet sich diese Diagnose von der metapolitischen These, dass die Politik verschwunden ist. Gibt es eine Rückkehr zur Politik? Kurz, Lenin zitierend: Was tun?

Rancière: *Das Motiv des Endes der Politik will tatsächlich das Ende einer bestimmten historischen Sequenz verkünden: Es verkündet das Ende einer Politik, die sich die Emanzipation der Unterdrückten zum Ziel setzt. Das ist übrigens der Grund dafür, warum dieses Motiv auf der anderen Seite von sich behaupten kann, die Rückkehr zur Politik zu sein, das heißt zu einer Politik, die als eine Angelegenheit aufgeklärter Eliten begriffen wird, die allein in der Lage sind, die gemeinsamen Probleme zu erkennen und sie zu lösen. Hinter diesen opponierenden Slogans mit äquivalentem Inhalt steht eine Tatsache: das wachsende Gewicht des Konsenses. Das Wort Konsens bedeutet einiges mehr als eine Form einer „modernen" Regierung, die die Priorität auf die Expertise, die Schlichtung und die Verhandlung zwischen den „sozialen Partnern" oder aber den verschiedenen Typen von Gemeinschaften legt, um den Konflikt zu vermeiden. Der Konsens bedeutet das Einvernehmen zwischen Sinnlichkeit und Sinn (sens et sens), das heißt zwischen einem Modus der sinnlichen Präsentation und einem Regime der Interpretation ihrer Gegebenheiten. Er bedeutet, dass wir – was auch immer die Divergenzen unserer Ideen und Bestrebungen seien – die gleichen Dinge wahrnehmen und ihnen die gleiche Bedeutung geben. Als Logik der Regierung sagt der Konsens: Es gibt Unterschiede der Interessen, der Werte und der Bestrebungen in unserer Bevölkerung. Aber es gibt eine objektive Realität, deren Gegebenheiten sich jedem gleichermaßen aufdrängen und die alle vor die gleichen Probleme stellen. Der Kontext der wirtschaftlichen Globalisierung erlaubt es, das Bild einer Welt zu errichten, in der das Problem für jede nationale Gemeinschaft darin besteht, sich an eine Gegebenheit anzupassen, auf die sie keinen Zugriff hat, ihren Arbeitsmarkt und ihre sozialen Sicherungssysteme hieran anzupassen. Die ganze vereinte Anstren-*

gung der Staaten und der internationalen Organisationen zielt heute darauf, diese Behandlung der gemeinsamen Angelegenheiten wie vollkommen objektivierbare Probleme zu behandeln, die dem Kalkül des Experten unterliegen. Sekundiert wird dies von einer ungeheuren intellektuellen Offensive, die die Formen des Kampfes gegen die Notwendigkeiten des Marktes mit den defensiven Reaktionen von Gruppen, die ihre archaischen Privilegien gegen die Notwendigkeiten des Fortschritts verteidigen und die Ausweitung der Macht des Marktes mit einem Fatalismus der demokratischen Gesellschaft und des Individualismus der Massen gleichstellt. Demgegenüber ist die politische Aktion sicherlich in Schwierigkeiten, aber sie hat sich in ihrem Prinzip nicht verändert, welches eben darin besteht, den strittigen, polemischen Charakter der „Gegebenheiten“ zu behaupten. Das ist es, was sicherlich überall, auf nationaler wie internationaler Ebene, ein wenig geschieht, wenn die Bewegungen des Kampfes diesen oder jenen Aspekt der „objektiven globalen Notwendigkeit“ in Frage stellen: Die Liquidierung der „sozialen Errungenschaften“, die Fixierung von „Toleranzschwellen“ für die Einwanderung, die Kriege zur geopolitischen Restrukturierung der Welt usw. Es stimmt sicherlich, dass die Verbindung zwischen diesen Bewegungen im Moment schwierig ist. Der praktizierte Internationalismus der Mächtigen tendiert dazu, diese Kämpfe zu isolieren, und die Schwierigkeit, die aus dem Zusammenbruch der sowjetischen Hoffnungen, sich eine von der

Herrschaft des Marktes befreite Zukunft vorzustellen, folgt, wirft sie auf ihr alleiniges punktuelles Ziel zurück. Aber das ist genau die Gelegenheit, die Frage nach dem „Was tun“ in anderen Begriffen neu zu stellen. Nicht mehr: „welches Ziel anstreben“, sondern: welche Fähigkeit einsetzen? Man kann also antworten: Was wir tun können ist, uns unter allen Umständen damit zu beschäftigen, die Kontingenz der Notwendigkeit sowie die Fähigkeit der „Unfähigen“ geltend zu machen. Wir wissen nicht, was dabei herauskommen kann. Aber wir wissen, dass nur so eine Zukunft entstehen kann, die der Mühe wert ist.

Nachwort

> *Es versteht sich übrigens von selbst, dass alle Staatsformen zu ihrer Wahrheit die Demokratie haben (...).*[12]
>
> Karl Marx

Emanzipation ist immer zunächst Praxis. In der Folge gerinnt sie in Form eines Traumes oder einer Utopie. Diese Sätze können dem Denken Jacques Rancières an die Seite gestellt werden, dessen eigenes Verfahren ihnen bis ins Detail entspricht. Ein spezifisches Moment seiner Praxis bildet der Einsatz von Beispielen, die innerhalb der Rancièreschen Texte weniger applikative Veranschaulichungen eines abstrakten Allgemeinen im konkreten Besonderen darstellen, als vielmehr historisch-singuläre Fälle auf die Bühne bringen, von denen das Denken Rancières seinen Ausgang nimmt, ja mehr noch, seinen „Angang" (Ernst Bloch) erfährt. In der Praxis dieser Inszenierungen sucht Rancière nicht allein beispielhafte Unterbrechungen bestehender Ordnungen nachzuzeichnen, sondern überdies die herkömmlichen disziplinären Aufteilungen dessen, was etwa die Philosophie, die Soziologie, die Literaturwissenschaft, etc. wahrzunehmen vermag, selbst zu unterbrechen und sich so „immer im Intervall der Dis-

[12] Karl Marx, *Zur Kritik der Hegelschen Rechtsphilosophie*, in: Marx / Engels, Werke, Band 1, Berlin 1974, S. 232.

kurse zu situieren“[13]. Wie ließe sich folglich besser ein Zugang zu Rancière finden als über dasjenige, was sein Denken selbst in Bewegung setzt; über dasjenige, was in sich bereits auf eine eigentümliche politische Praxis seiner Texte verweist: über ein Beispiel.

Wählen wir ein beliebiges: Bereits „*La nuit des prolétaires*“[14] lässt sich als Inszenierung einer solchen beispielhaften Singularität verstehen, deren „spezifische Bühne der Sichtbarmachung“[15] eben der Rancièresche Text darstellt. Richtet man den Blick zurück, so lässt sich sagen, dass die Kernelemente Rancièreschen Denkens in „*La nuit des prolétaires*“ bereits angelegt sind. Das grundlegende Setting ist schnell zu rekonstruieren: Die Emanzipation der französischen Arbeiter des 19. Jahrhunderts verläuft nicht wie häufig aus sozialgeschichtlicher Betrachtung angenommen als einheitliche Bewegung, die in der Konstruktion einer Arbeiteridentität und eines damit zusammenhängenden Bewusstseins kulminiert. Vielmehr ereignet sie sich über die Unterbrechung und Verschiebung der als natürlich vorgegebenen und das Leben strukturierenden Zeitordnung. Ist die Identität des Arbeiters strikt durch die zeitliche Unterscheidung von (Arbeits-)Tag und

---

[13] Alain Badiou, *Über Metapolitik*, mit einem Nachwort von Peter Hallward, Zürich / Berlin 2003, S. 119.

[14] Jacques Rancière, *La nuit des prolétaires. Archives du rêves ouvrier*, (dt. Die Nacht der Proletarier) Paris 1981.

[15] Jacques Rancière, *Das Unvernehmen. Politik und Philosophie*, Frankfurt am Main 2002, S. 37.

Nacht (deren festgelegter Zweck die Restitution der verbrauchten Arbeitskraft ist) konstituiert, bleibt dem Arbeiter innerhalb dieser Tätigkeitseinheit keine Zeit mehr, Tätigkeiten jenseits der Arbeit und der Regeneration auszuüben. Wie die Arbeitszeit findet sich so auch die Nacht der Proletarier durch die Aufteilung qualitativ bestimmt. Sowohl Tag als auch Nacht erscheinen als *private* Zeiten und die mit ihnen verbundenen Räume (Arbeitsplatz / Wohnung) als private Räume, die grundsätzlich von jeder Form der Öffentlichkeit und den entsprechenden Modi des Redens und Sehens abgetrennt sind.

Die Arbeiteremanzipation entsteht aus dem Bruch mit dieser Identität, der ihr eingeschriebenen Aufteilung der Zeit, und produziert eine Öffnung der fixierten Domäne des Privaten. Sie beginnt mit einer „Entidentifizierung“[16] der Arbeiter, indem diese sich entschließen, in ihren Nächten Dingen nachzugehen, welche ihnen nach den Maßstäben der bestehenden Ordnung nicht zustehen. Wenn die Arbeiter aber anfangen zu schreiben, zu denken, literarische Clubs zu gründen, so eignen sie sich diese ihnen nicht zugestandene Zeit an, um eine Welt zu schaffen, in der sie erstmals nicht nur als Arbeiter zu erscheinen vermögen. Die ihnen als natürlich vorgegebene Ordnung der Zeit, die sie und ihre Fähigkeiten auf bestimmte Orte begrenzt, wird durchbrochen und die in diesen Nächten verfassten Schriften

---

[16] Ebd., S. 48.

sind, in Rancières Lektüre, weniger als eine Anklage der materiellen Lebensbedingungen, sondern vielmehr als skandalöse Infragestellung einer unrechtmäßigen Aufteilung (der Zeit und der Orte) zu verstehen. Der durch diese Schriften geschaffene Artikulationsraum der ihre Identität transformierenden Arbeiter wird so zu einem Ort, an dem sich die vermeintlich ausschließlich ausgewählten Gruppen zukommenden Privilegien (des Denkens, des sinnvollen Schreibens und Diskutierens) zu verschieben beginnen. So wird die implizite Struktur und Hierarchie der Eigenschaften und Fähigkeiten, auf welchen die bestehende Ordnung beruht, unterbrochen. Diese Unterbrechung aber erscheint von Seiten der Ordnung sinnlos und widernatürlich, denn: Was tun, wenn diejenigen, deren Identität *per definitionem* nicht durch Akte des Denkens und Schreibens bestimmt ist, zu denken und zu schreiben beginnen? Der neue Gebrauch, den die Arbeiter von der Nacht machen, ist in diesem Sinn Emanzipation; nicht als Verwirklichung eines Bewusstseins, das sich an einem vorgängigen utopischen Ziel orientiert, sondern sie ist es *in actu*, als praktischer Prozess der Umgestaltung und Neubestimmung dessen, was als Identität, als Kultur, als Zeit und Raum des Arbeiters gilt. Eine solche Lesart ermöglicht es Rancière, „die Emanzipation als einen Bruch dieser Logik der Zeit viel tiefer zu denken als durch die berühmte Fabel von den Gewehrschüssen auf die

Turmuhren."[17] Denn es lässt sich in den Begriffen des *Unvernehmens* sagen, dass die Nacht der Proletarier selbst Ausgangspunkt und Gegenstand eines Streits um die Identität des Arbeiters und seine Handlungsmöglichkeiten wird. Dieser Streithandel richtet sich darüber ein, dass die Existenz einer gemeinsamen Welt aller sprechenden Wesen behauptet wird, einer gemeinsamen Welt sowohl der Arbeiter als auch ihrer Gegenspieler, der Bürger. Eine solche Welt wird von Seiten der Arbeiter deklariert und gibt damit einerseits den Grund des Streits an, wie sie andererseits in diesem selbst auf dem Spiel steht. Der Bürger kann den Arbeiter nun nicht mehr auf seinen althergebrachten Platz zurückverweisen, ohne selbst auf der gemeinsamen Bühne dieses Streits, als ein Teil dieses polemischen Allgemeinen, zu erscheinen. Er kann den Streit nicht schlichten, ohne ihn bereits als Streit zweier Gleicher anerkannt zu haben. Diese Logik markiert das erste fundamentale Strukturmerkmal des Rancièreschen Politikbegriffs.

Erscheint der Arbeiter nachts sprechend und schreibend, dann folgt daraus, dass er so handelt *als ob* diese Tätigkeiten nicht der Bourgeoisie eigentümliche Privilegien wären. An dieser Stelle lässt sich eine für Rancière grundlegende terminologische Unterscheidung verdeutlichen. Denn erstens ist die Art des Zusammenseins, die die Körper auf ihnen zugehörige Plätze und Zeiten

---

[17] Vgl. in diesem Band, S. 60.

und auf diesen zugehörige Funktionen verweist, als eine „Aufteilung des Sinnlichen“ zu verstehen, die jedem Teil einer so strukturierten Ordnung allein das zukommen lässt, was ihm *de jure* zugeteilt wurde. Die logische Instanz, die das Einhalten und die Stabilität der Aufteilung sichert ist das, was Rancière die „Polizei“ nennt. Die Polizei weist Körpern Orte und Identitäten zu. Sie sichert und konstituiert somit sowohl das, was in und an den zugeteilten Orten sichtbar und sagbar ist, als auch das, was an ihnen unsichtbar und unsagbar sein wird. Die Aufteilung des Sinnlichen und ihre polizeiliche Stabilisierung generieren und perpetuieren eine fixierte Ordnung des Sichtbaren und Sagbaren, die nur dasjenige als unsichtbar kennt, was in ihr keinen Platz zugewiesen bekommen hat. Präsentiert sich diese Art der Aufteilung natürlich und harmonisch, so ist sie doch immer intern durch eine rigide Ordnung der Platzanweisung, Identitäts- und Funktionsbestimmung gekennzeichnet, da sie darauf aus ist, die Stabilität jeden gesellschaftlichen Zusammenlebens aufgrund vorbestimmter und absolut gesetzter Eigenschaften zu sichern.

Demgegenüber steht zweitens die Logik, durch welche die Gleichheit jedes beliebigen sprechenden Wesens mit jedem beliebigen anderen emergiert. Diese Emergenz lässt zum einen die Kontingenz, die Grundlosigkeit und damit den an-archischen Kern jeder bestehenden (polizeilichen) Ordnung und ihrer Verteilung von Orten, Zeiten, Qualitäten aufscheinen. Die Gleichheit artikuliert sich immer zunächst in der Form einer fundamentalen Infragestellung der konstitutiven, d.h. strukturellen Voraussetzungen der polizeilichen Logik (in der etwa die Arbeiteridentität abgetrennt von kognitiven Vorgängen bestimmt ist) und unterbricht auf diese Weise deren bislang unveränderbar scheinende Aufteilung des Sinnlichen. Die Gleichheit, die als Unterbrechung des gewöhnlichen Gangs der Dinge bei Rancière das Paradigma der Politik ist, ist das Moment, von dem aus die Gesetzmäßigkeit des Sichtbaren und Sagbaren, zur Verhandlungssache eines Streits zwischen Gleichen gemacht werden kann. Die zufällige Emergenz der Gleichheit folgt immer dieser Logik der Unterbrechung, welche die vorgängige polizeiliche Logik durch die Demonstration einer fundamentaleren Gleichheit als der vorgegebener und je verschiedener partikularer Identitäten suspendiert. Indem der Arbeiter so handelt, als ob ihm ebenfalls die intellektuellen Qualitäten des Bourgeois zukämen, rekurriert er auf eine nur in der Unterbrechung aufblitzende Gleichheit jedes beliebigen sprechenden Wesens mit jedem anderen. Denn die Sprache ist die Qualität, durch die jeder Beliebige jedem beliebigen Anderen gleicht. Diese Unterbrechung, die den Blick auf die Gleichheit allererst retroaktiv frei gibt, als ein Blick auf das, was jeder ordnenden Verteilung des Sinnlichen zugrunde gelegen haben wird und in ihr immer schon eine Verstellung erfährt, irritiert die polizeiliche Logik, indem sie einen neuen symbolischen Ort, einen neuen Artikulationsraum hervorbringt. Denn schafft der Arbeiter sich Formen der Artikulation seines Anspruchs auf Denken und Schreiben, so kann er dies allein tun, indem er erstens die vorherrschenden Verteilungen und Privilegien, d.h. die polizeiliche Logik suspendiert, und zweitens, indem er so eine Gleichheit ins Spiel bringt, die weder auf Identitäten beruht, noch substantiell ist, sondern eine vollkommen leere Eigenschaft, eine entleerte Beinahe-Substanz benennt. Die Politik, deren Beispiel die Nacht der Proletarier gibt, ereignet sich immer im konfliktuellen Zusammentreffen dieser beiden Logiken, als Unterbrechung der einen durch die andere. Der Streithandel, der ihr Zentrum bildet, ist immer ein Streit zwischen polizeilicher und gleichheitlicher Logik, um die Existenz einer gemeinsamen Welt aller. Er entsteht, wenn die „Angleichung eines sinnlichen Körpers an einen symbolischen Körper“[18] unterbrochen wird und wenn an dieser Unterbrechung die Unvereinbarkeit der beiden Logiken aufscheint.

Der Streit richtet eine gemeinsame Bühne ein, auf der sich der Streit als Streit um die Existenz einer gemeinsamen Welt austrägt. Diese Einrichtung einer gemeinsamen Bühne ist das theatrale Moment jeder Politik im Rancièreschen Sinn. Politik ist somit immer die Emergenz einer Gleichheit, die durch die Unterbrechung einer bereits bestehenden polizeilichen Aufteilung, einer ästhetischen Verteilung des Sinnlichen,

---

[18] Vgl. in diesem Band, S. 66.

die den Grund jeder gesellschaftlichen Ordnung bildet, verfährt und die retroaktiv einsichtig macht, dass sich jedes gesellschaftliche Ordnungsgefüge vor dem Hintergrund einer ihm vorgeordneten Gleichheit aller Beliebigen einrichtet. Politik ist somit in ihrem eigensten Verfahren aisthetisch, da sie die Aufteilungen des Sinnlichen verschiebt und neu konfiguriert – so etwa vermögen die Arbeiter die polizeiliche Ordnung derart zu verschieben, dass sie beginnen, als Denkende zu gelten. Die Unterbrechung hat somit einen zweifachen Grund: zum einen schöpft sie ihre Kraft immer aus der Gleichheit aller beliebigen sprechenden Wesen, zum anderen aber kann es zu dieser Verschiebung nur kommen, wenn in der bestehenden Aufteilung des Sinnlichen diese Gleichheit verstellt ist, kurz: die Gleichheit einer Ungleichheit der Verteilung untergeordnet wird. Jede Aufteilung des Sinnlichen richtet sich darüber auf, dass sie einen ihrer Teile nicht als ihren Teil begreift, darüber, dass etwas in sie eingeschlossen ist, das zugleich ausgeschlossen ist, d.h. nicht in ihr gilt. Dies ist die zweite Voraussetzung jeder Politik: sie bedarf eines Teils der Anteillosen, eines Teils, den sie an die Orte und Zeiten verbannt, die vom Leben der Gemeinschaft und der gemeinschaftlichen Vollzüge ausgeschlossen sind. Es gibt Politik somit nur, wenn sich die polizeiliche Ordnung über die Einrichtung eines Teils der Gesellschaft, der keinen Anteil an ihr hat, eines Anteils der Anteillosen, konstituiert und dieser die Aufteilung durch die Demonstration der fundamentalen Gleichheit aller

Beliebigen in Frage stellt. Die Deklaration eines Unrechts, das dem Anteil der Anteillosen widerfährt, richtet eine polemische Gemeinschaft, ein polemisches Allgemeines aller auf, in der die Gleichheit *in actu* erscheint, da sie keine Möglichkeit zulässt, den Konflikt diskursiv oder polizeilich zu schlichten.

Dass aber überhaupt Politik geschieht, ist kontingent und unberechenbar. Die sich so ereignende Kontingenz-Politik ist daher wesentlich bezogen auf und vorbedingt durch die Polizei und sie ermöglicht vorher inexistenten Akteuren, die nicht als legitime Teile der Gesellschaft galten, über die Demonstration der Gleichheit sich als neue Subjekte zu konstituieren. Die Unterbrechung, die die Politik in Bezug auf die Polizei darstellt, ist immer Verschiebung, Neukonfiguration einer ersten Ästhetik, einer ersten Verteilung des Sinnlichen, die der Polizei zugrunde liegt. Eine solche (ästhetische) Rekonfiguration des gemeinschaftlichen Wahrnehmungsraums lässt, nach Rancière, Subjekte erscheinen, die sich erst in dem neuen geschaffenen Artikulationsraum formieren können. Die Unterbrechung einer Aufteilung des Sinnlichen ist Emanzipation von dieser und ist immer ästhetische Revolution.

Man muss sich zunächst noch einmal die einzelnen Regimes, die Rancière ausmacht, in Erinnerung rufen, um sie anschließend auf die Struktur ihrer Verknüpfung hin befragen zu können. Jacques Rancière identifiziert drei große historische Formationen dieser Ordnungen, die drei verschiedene Weisen, Kunst zu identifizieren, beinhalten: das ethische Regime der Künste, das Regime der Repräsentation und das ästhetische Regime der Kunst. Das ethische Regime, von Rancière paradigmatisch am Staat Platons entwickelt, setzt auf die „Innerlichkeit der Gemeinschaft" und versucht, Politik mit Polizei zu „identifizieren" und somit Politik zum Verschwinden zu bringen.[19] Der Gesamtkörper der Gesellschaft bei Platon kennt darüber hinaus keinen Singular ‚Kunst', er beschäftigt sich deswegen nicht mit einem Problem der Bedeutung von Kunst. Hier ist allein die Wirkung mancher Tätigkeiten, die als Nachahmungen einen Einfluss auf die Staatsbürger ausüben könnten, von Belang. Das ethische Regime der Bilder spezifiziert unter den Tätigkeiten solche, die nachahmen und erkennt in diesem Rahmen die Gefahr der Trugbilder, die es zu unterdrücken gilt.

Anders das Regime der Repräsentation, es basiert auf einem völlig anderen Verfahren: Die Überlegung, *auf welche Weise* die Künste etwas darstellen, ermöglicht es, Normen für die *poiesis* der Nachahmungen festzulegen. Diese Regeln ermöglichen im Gegensatz zum ethischen Regime die Unterscheidung der Tätigkeiten der Künste von den Tätigkeiten etwa eines Handwerkers. Zugleich werden den Künsten ‚spezifische Affektionsformen' zugeschrieben, sie stehen in einem eigentümlichen Verhältnis zur *aisthesis*. Über das Dreieck Mimesis-Poiesis-Aisthesis ordnet das poieti-

[19] Jacques Rancière, *Das Unvernehmen*, a.a.O., S 75.

sche oder Repräsentationsregime die Künste zusätzlich in Analogie zur sozialen Ordnung: es gibt edle und minderwertige Formen, so wie es edle und minderwertige Mitglieder der Gesellschaft gibt.

Das Repräsentationsregime wird dann abgelöst vom Singular der ‚Kunst' im ästhetischen Regime. Die Objekte der Kunst werden nun mit einer eigenen sinnlichen Seinsweise ausgezeichnet: Nicht die Verfertigungsweisen definieren die Künste, sondern Objekte der Kunst sind selbst durch ein spezifisches sinnliches Sein geprägt. Das Sein der Kunst im ästhetischen Regime ist ein heterogenes Sein, insofern es nicht in dem aufgeht, was als allgemeiner sinnlicher Erfahrungsraum bestimmt ist. Dieses sinnliche Sein der Kunst zerrüttet die normativen Bestimmungen des Regimes der Repräsentation: Dieses Sein ist entregelt, dehierarchisiert und inszeniert sowohl *sich selbst als* wie auch *in sich selbst* den radikalen Einbruch der Gleichheit. Das ästhetische Regime der Kunst ist der Einbruch der Gleichheit in den anderen Regimes, und es kann dies nur sein, weil es selbst die Struktur der Gleichheit ist. Wie ist aber dieses „Spiel", wie es mit Schiller heißen kann, der Gleichheit zu begreifen?

Eine Kernthese Rancières über das ästhetische Regime lautet, dass die Gleichheit aller künstlerischen *sujets* in sich eine virtuelle Gemeinschaft der Gleichen birgt. Schon Platon, so Rancière, fürchtete die platte Gleichheit der einfachen Buchstaben auf der blanken Seite. Im ästhetischen Regime wird aber die Gleichheit der Zeichen, der Themen, der Subjekte der entscheidende Einsatz der Kunst. Warum, so die implizite Herausforderung des ästhetischen Regimes, sollte es keine Gleichheit auch im Leben geben? Die Gleichheit im ästhetischen Regime sollte jedoch nicht als Metapher missverstanden werden. Tatsächlich ist die Entregelung aller normativen Verhältnisse eine materielle Entregelung der Buchstaben, Farben, Töne und Bilder.

Die Ordnung der Gleichheit, so Rancière in *La parole muette*, ist nicht einfach eine andere Verteilung der Macht: „Sie wird instituiert über die Räume der Schrift, die in ihrer übervölkerten Leere und ihrer beredten Stille das lebendige Tuch des *Ethos* der Gemeinschaft durchlöchern."[20] Gerade die Sprache ist insofern in vielerlei Hinsicht die nachträgliche Geburtsstätte der Gleichheit: Denn alle sprechen. Diese Gleichheit aller beliebigen sprechenden Wesen zerschlägt jede Aufteilung in Sprechende und Stumme, in Reden großer Männer und das Schweigen derer, die keine Geschichte machen. Rancières Texte sind dieser Möglichkeit der Sprache verpflichtet: Den Laut der Stummen aufzuzeichnen, das ist vielleicht die große Aufgabe der Rancièreschen Texte.

Der Begriff des Regimes kennzeichnet keine Epochen. Auch lösen sich die drei Regimes nicht schlicht gegenseitig ab, vielmehr bestehen auch das ethische Regime und das Regime der Repräsentation im ästheti-

---

20 Jacques Rancière, *La parole muette. Essais sur les contradictions de la littérature*, Paris 1998, S. 83 (eig. Übersetzung).

schen fort.[21] Schon Platon inszenierte das gemeinschaftliche Ethos, indem er es gegen zwei Gefahren absicherte. Zum einen weist er die Egalität der Zeichen zurück, er erkennt die Bedrohung, die von der radikalen Gleichheit der Zeichen droht. Zum anderen verwahrt er sich gegen die Macht der Repräsentation. Während die Buchseite die drohende Entregelung aller Hierarchien ankündigt, verführt das Theater die Menschen dazu, sich im Wahn falsch zu identifizieren. Schon bei Platon zeigen sich aber somit die zwei anderen Formen der Identifizierung der Künste eingezeichnet. Rückwirkend werden sie so in ihrer Möglichkeit sichtbar: das Regime der Repräsentation insistiert als Gefahr schon immer im ethischen Regime der Bilder. Das ästhetische Regime und die Gleichheit der *sujets* bedrohen das ethische Regime schon je durch die stumme Oberfläche der Zeichen. Es ist die Gleichheit, die sich durch die Regimes hindurch entwickelt, die sich aber je nur negativ, im Streit über die Aufteilung des Sinnlichen zeigt. Die Gleichheit ist eigentlich ein Nichts, das seine Demarkierungen in die Ordnung schlägt, ein Nichts, das im ästhetischen Regime am deutlichsten hervortritt. Die Auseinanderentwicklung der drei Regimes, die Rancière nahe zu legen scheint, ist so im strengen Sinne keine Entwicklung, denn sie ist auf nichts gebaut. Die Geschichte der Regimes ist die nachträgliche materielle Spur der Gleichheit. Im ästheti-

---

[21] Vgl. in diesem Band, S. 72.

schen Regime manifestiert sich die Gleichheit als Paradigma des Singulars Kunst überhaupt. Wenn Kant die Wertschätzung des Palastes unter Absehung von seiner Funktion betont, schreibt sich zugleich etwas in die Kunst ein, was Schiller ausbuchstabieren wird: Die Möglichkeit einer Gemeinschaft der Gleichen, die in Opposition nicht allein zu einer in Ständen geordneten Gesellschaft steht. Diese Gleichheit des Ästhetischen unterminiert noch die für Rancière rein legalistische Gleichheit der französischen Revolution: Sie ist nicht (nur) eine Gleichheit der Personen, sondern die Gleichheit als unterminierendes *Prinzip* jeglicher Verbindung.

Das ästhetische Regime lässt zum ersten Mal die Möglichkeit der Gemeinschaft der Gleichen aufscheinen, die Möglichkeit einer Revolution der Aufteilung des Sinnlichen. Das Versprechen der Kunst auf etwas, das nicht Kunst ist, birgt jedoch zwei Gefahren. Diese doppelte Gefahr ist bei Rancière über zwei Namen markiert: Deleuze und Lyotard. In ihnen wird auf der einen Seite die Auflösung und Verausgabung der Kunst in neuen, sinnlichen Lebensformen und auf der anderen Seite der Rückzug der Kunst in sich selbst problematisch. Denn transformiert einerseits Deleuze die „poetische in eine ontologische Differenz"[22] ergibt sich das Denken einer Kunst, die die Politik in sich aufgesogen hat. Alles ist politisch, die Kunst im Besonderen. Auf der anderen Seite denkt Lyotard die Trennung des Geistes von sich

---

[22] Vgl. in diesem Band, S. 34.

selbst: der Traum der Überwindung dieser Spaltung wäre dann aus der Perspektive Lyotards kriminell:[23] Es ist nicht der Traum der kommenden Gemeinschaft, sondern dieser Traum führt in die rüde Rationalität der Lager. Folglich müssen Kunst und Politik in ihre Schranken verwiesen werden; die Arbeit der Kunst am Unmenschlichen zelebriert sich in sich selbst, abgetrennt von jeglicher ontologischen Konsistenz.

Es ist genau im Zwischenraum dieser beiden Lesarten des Versprechens, in dem Rancière das Versprechen der neuen Gemeinschaft aufrechtzuerhalten sucht. Und allein aus diesem Zwischenraum kann sich die Gleichheit entfalten: Im paradoxalen Verhältnis von Ästhetik und Politik. Wenn Rancière sich gegen die ethische Konfusion verwahrt, die das eine auf Kosten der Annullierung des anderen denkt – nämlich entweder eine Politisierung der Kunst als Hoffnung oder aber eine Ästhetisierung der Politik als Bedrohung –, dann wird damit zugleich deutlich, dass die Geschichte, die Inszenierung des ästhetischen Regimes bei Rancière selbst eine anethische Aufgabe formuliert. Es scheint so einen verdeckten Rancièreschen Imperativ zu geben: Die Gleichheit denken bedeutet, die Gleichheit *in actu* auszuhalten, denn das Prinzip der Gleichheit wird sich keiner wie auch immer gearteten oder befriedeten Lösung zuführen lassen.

---

[23] Vgl. in diesem Band, S. 33.

Man muss folglich die volle Tiefe der Paradoxie denken, die Rancière dem Ästhetischen einschreibt. Auf der Grundlage dieser paradoxen Struktur lässt sich die politische Potenzialität der Kunst verstehen: Nicht die Kunst ist politisch, sondern sie treibt mögliche Einsatzräume des Politischen hervor. Politische Subjektivierung verläuft hingegen aber über die Bildung neuer Kollektive, neuer Formen, ‚wir' innerhalb des gewöhnlichen ‚wir' zu sagen. Die Kunst eröffnet neue Erfahrungsräume, welche bestehende Subjektivierungen auflösen und neue auslösen: Politik ist durch die Möglichkeit des politischen Moments allein noch nicht garantiert. Vielmehr ist sie nie garantiert, auch nicht durch die Kunst.

Die Möglichkeit der Gleichheit enteignet zunächst: sie enteignet die Körper ihrer selbst, sie schafft jenen Distanz- und Hohlraum, den Platon, nach Rancière, so fürchtete. Er entsteht, wenn der Arbeiter etwas macht, was nicht seinem Platz entspricht. Es geht folglich darum, mehrere Dinge auf einmal zu tun, man müsste sich in der Vervielfältigung von Aktivitäten von sich selbst entfremden, um diese Enteignung voranzutreiben, um die Möglichkeit der Gleichheit zu aktualisieren: Jede symbolische Physiologie durchbrechen.

Rancières Geschichte des ästhetischen Regimes kann, so könnte man forciert formulieren, so immer auch ein wenig als Archiv der verpassten Möglichkeiten gelesen werden. Im Zuge dieser Unterbrechung, die das ästhetische Regime ist, verwandelt sich ‚Die

Geschichte' sie hat „in sich selbst keinen Inhalt“[24] und als entleerte Geschichte flackert sie fortan irrlichternd zwischen Handlungen auf, die die Aufteilungen des Sinnlichen modifizieren: Die Geschichte des ästhetischen Regimes ist eine Geschichte singulärer Momente.[25] Das dabei aufscheinende Moment der Gleichheit muss selbst als leeres Moment gedacht werden, das in diesen Handlungen insistiert, das sich nur nachträglich als sie inszenierendes Moment zeigt. Eben dies begründet auch die Notwendigkeit, diese Geschichten aufzuzeichnen. In diesen Unordnungen des Wissens, in den Wucherungen der Namen, in den Exzessen der Zeichen, wird Geschichte möglich gemacht und es werden zugleich zwei andere Formen, in denen Geschichte bislang herrschte, unterminiert. Zum einen die Herrschaft der Chroniken und Dokumente, die vorgab, den Lauf des Lebens belegen zu können und zum anderen die revisionistischen Analysen, die behaupten, dass nichts Derartiges wie etwa eine Französische Revolution geschehen sei.[26] Die Geschichte der Singularitäten enteignet diese beiden Meta-Historien, sie enteignet somit Geschichte selbst. Das Verborgene der Geschichte zu entdecken, es auf die Bühne zu holen, fordert eine Poetik des Wissens,

---

[24] Vgl. in diesem Band, S. 68.

[25] Vgl. in diesem Band, S. 70.

[26] So etwa in: Jacques Rancière, *Die Namen der Geschichte. Versuch einer Poetik des Wissens*, Frankfurt am Main 1994, S. 97ff. und passim.

die die Kunst ist, die Armen, die Stummen, die Leere des Sinns sprechen zu lassen. Dies ist Rancières Programm bereits in *Die Namen der Geschichte*. Sie sichtbar zu machen bedeutet, der Geschwätzigkeit der Revisionisten Schweigen zu gebieten. Die Singularitäten des ästhetischen Regimes zu inszenieren, wie Rancière es macht, bedeutet, ihnen und der in ihnen insistierenden Gleichheit ihr Recht zuzusprechen, aus dem heraus sie gehandelt haben werden. Geschichte entfaltet sich aus Rancièrescher Perspektive als Möglichkeitsraum des literarischen Tieres, das der Mensch ist. Damit jedoch entbindet das ästhetische Regime seine potenziellen Subjekte nie von der Frage: was tun? Ganz im Gegenteil. Rancière antwortet darauf, indem er die Frage in eine nach den ‚Fähigkeiten' überträgt.[27] Nicht um ein Ziel kann es gehen, sondern darum, die Isolierung der Kämpfe aufzuhalten und neue Fähigkeiten einzusetzen. Die permanente Verrückung des Konsenses von sinnlichem Sinn und bedeutendem Sinn in der Kunst kann nur ein erster Schritt sein. Der Entstellung alter Subjektivitäten müssen Möglichkeitsräume neuer Subjektivierungen folgen. Das ist nicht die Aufgabe der Kunst, sondern die, die sie stellt.

[27] Vgl. in diesem Band, S. 88ff.

179 Seitter • Distante Siegfried-Paraphrasen
180 v. Foerster • KybernEthik
181 Jabès • Der vorbestimmte Weg
182 Deleuze • Bartleby oder die Formel
183 Rosset • Das Prinzip Grausamkeit
184 Baudrillard • Die Illusion des Endes
185 Baecker • Postheroisches Management
186 Charles • Musketaquid. Cage, Ives, u.a.
188 Grenier • Über Indien
189 Schmidgen (Hg.) • Ästhetik und Maschinismus
190 O'Doherty • White Cube - In der weißen Zelle
191 Zischler / Kuhn • You Can't Judge a Book
192 Jarman • Chroma. Ein Buch der Farben
193 Akademie Solitude • Klugheitslehre
194 Jabès / Nono / Cacciari / u.a. • Migranten
195 Guattari / Virilio / u.a. • Takamatsu ein Architekt
196 Gilbert-Rolfs • Das Schöne und das Erhabene
197 Foucault • Diskurs und Wahrheit
198 Deleuze • Begehren und Lust
199 Baudrillard • Reise zu einem anderen Stern
200 Gracian • Der Held
201 Garland • Reise zu 100 Tempeln
202 Derrida • Einige Statements
203 Buci-Glucksmann • Der kartographische Blick
204 Goetz / Westbam • Mix, Cuts, Scratches
205 Rosset • Die Wahl der Worte
206 Garland • Six American Composers
208 Baecker • Poker im Osten
209 Böhringer • Auf dem Rücken Amerikas
210 Jaspers • Strindberg und van Gogh
211 Kapielski • Davor kommt noch
212 Schmidt • Von Raum zu Raum
213 Jeudy • Stadterfahrungen
214 Agamben • Bartleby oder die Kontingenz
215 Kapielski • Danach war schon
216 Onfray • Die Formen der Zeit

Internationaler Merve Diskurs **www.merve.de**

257 Rademacher • Akute Literatur
258 Hagen • Gegenwartsvergessenheit
259 Derrida / Blanchot • Zeuge / Augenblick
260 Serres • Atlas
261 Böhringer • Harte Bank
262 Latour • Krieg der Welten
263 Manovich • Black Box-White Cube
264 Cheng • Fülle und Leere. Chinesische Malerei
265 Weibel Festschrift • Liebesgrüsse aus Odessa
266 Agamben u.a. • Irrsal hilft
267 Jullien (Hg.) • Kunst, Listen zu erstellen
268 Kapielski • Weltgunst
269 Steinweg • Subjektsingularitäten
270 Canguilhem • Gesundheit
271 Rheinberger • Iterationen
272 Klossowski • Abschweifung / Roberte und Gulliver
273 Kiesow / Schmidgen • Kritisches Wörterbuch
274 Rösch • Philosophie und Geste
275 Foucault • Sprache und Literatur
276 Agamben • Nymphae
277 Röller • Ahabs Steuer
278 Han • Hyperkulturalität
279 Perniola • Wider die Kommunikation
280 Latour • Von der *Realpolitik* zur *Dingpolitik*
281 Baudrillard • Philosophie und Kunst
284 Kapielski • Anblasen
285 Jullien • Sein Leben nähren
286 Lamberty / Voullié • Le Da Costa Encyclopédique
287 Steinweg • Behauptungsphilosophie
288 Segalen • Tote Stimmen
289 Jullien • Vortrag vor Managern
290 Canguilhem • Wissenschaft, Technik, Leben
291 Kemp • Von Gestalt gesteigert zu Gestalt
292 Qrt • Zombologie
294 Stiegler • Zum Akt
295 Pickering • Kybernetik